JN210034

Q&A
院長先生の労務管理
クリニックの労働トラブル予防と働き方改革

社会保険労務士法人デライトコンサルティング［監修］
税理士法人ブレインパートナー［編］
社会保険労務士 吉田卓生［著］

第2版

Human resource
management of the
hospital personnel

中央経済社

第2版まえがき

　本書の初版が発行されてからすでに6年が経ちました。その間，ブラック企業問題や働き方改革の推進など，一般的に見ても，労働に関する状況は刻々と変化してきました。医療機関を取り巻く状況についても無関係ではありません。

　医療機関では，以前から「職員が定着しない」「恒常的な採用難」「業務効率が低い」などといった問題を抱えています。そこへ，「働き方改革」の波が押し寄せてきて，いよいよ抜本的な解決を求められるようになってきました。「働き方改革」は，少子高齢化による労働力人口の減少に対し，働き手の増加，出生率の上昇，生産性の向上に取り組むということを目的にしているといえます。これらの目的を達成するために，長時間労働の是正，正規・非正規の不合理な格差の是正，女性・高齢者の就労促進，などの取組みが現在進行形で行われています。

　とくに，パートタイマーや非常勤の職員，女性職員，ベテラン職員が活躍する医療機関においては，影響の大きいものであると考えられます。

　このような状況を背景として，改訂版の発行を進めていただけることとなりました。おもな改訂のポイントは次のとおりです。
- 働き方改革を推進するための関係法律の整備に関する法律による各改定への対応
- 妊娠・出産・育児に関する制度の内容
- パートタイマーの有給休暇に関する内容
- 定年の取扱いに関する内容

また，より実態に則した内容となるよう，追加・修正を行いました。

　医療機関の経営において，労務に関する事項は，常に大きなウエイトを占めています。そうした現場で職員をまとめなければならない立場にあるみなさんに対して，本書が少しでもお役に立てば幸いです。

　最後に，本書の改訂にあたりましては，社会保険労務士法人デライトコンサルティングの近藤圭伸先生をはじめ，ハミング労務管理事務所の杉浦資子先生，株式会社中央経済社の和田豊氏，編集部の方々には，本書の趣旨をご理解いただき，多大なるご尽力，アドバイスをいただきました。心より感謝の意を表する次第でございます。

　2019年5月

社会保険労務士法人ブレインパートナー

社会保険労務士　吉田　卓生

まえがき

インターネットが普及し，誰でも労務に関する情報を簡単に得られるようになりました。近年，医療業界においても，職場に不満を持った職員が情報を得て，1人でも加入できる労働組合や労働基準監督署に駆け込む，といった労務トラブルが多発しています。

医療機関の職員については，他の業種ではあまり見られない，次のような特徴もあります。

- 同僚や友人知人と給与明細を見せ合うなど労働条件を詳細に比較し，自分の待遇が悪いと，比較的抵抗なく不平不満を訴え，権利を主張し，改善を要求してくる。
- 本人の利益もさることながら，不正を行っているのではないか，といった正義感から声をあげてくる。

看護師などの有資格者の場合は，特にそういった傾向が強いように思います。

気の強いベテラン職員などを刺激してしまった場合には，他の職員を扇動し，結託して，院長先生対全職員といった構図になるという最悪の状況を招いてしまうこともあります。そして，対応がよくない場合，労働紛争に発展します。

院長先生ご自身は，有給休暇など使う余地もなく，長時間の拘束，サービス残業などはあたりまえといった，過酷な労働環境で勤務なさってきたことと存じます。

開業すれば，人を雇う立場になります。雇われた人が，先生のように働いてくれるとは限りません。

とはいえ，開業時には開設場所の選定，建物の設計，借入金の検討など，ほかにやることがあまりにも多く，結果として，労務管理について認識することもなく使用者となってしまうことも少なくありません。

　労働基準法をはじめとする法令においては，労働者の権利は使用者に比べ大きく，また，厚く保護されています。たとえ院長先生が知らなかったといっても法律の規定には逆らえません。争うこととなれば，使用者側は不利です。

　トラブルが表面化した場合，多くはお金で解決することとなります。

　小規模な事業所であるクリニックでは労務リスクへの対策が遅れています。

　なかには，先代が開業した当時の仕組みでやっているというクリニックもあります。

　確かに，職員との信頼関係さえしっかり維持されていれば，トラブルは起きないのかもしれません。しかし，昨今の労働関係法規は，頻繁に改正されており，その対応といった意味でも，労務管理はますます重要になってくるものと予想されます。

　本書では，少々先進的な事例や，今後必要になってくるであろうという事項もふくめ，Q&A形式で紹介してあります。本書をきっかけに労務関係のリスクを洗い出し，ヘッジ手段を考える際の一助となれば幸いです。

　最後に，本書の執筆にあたりましては，社会保険労務士法人デライトコンサルティングの近藤圭伸先生，ハミング労務管理事務所の杉浦資子先生，税理士の西出吉辰先生，株式会社中央経済社の和田豊氏，編集部の方々には，本書の趣旨をご理解いただき，多大なるご尽力，アドバイスをいただきました。心より感謝の意を表する次第でございます。

2012年6月

税理士法人ブレインパートナー

社会保険労務士　吉田　卓生

目　次

第2部
"人事労務管理力"実践Q&A

第10章　妊娠・出産・育児／119

第11章 人事評価／133

3 能力不足の職員に退職を勧める／169

> **Q3** クリニック業務に求められる能力レベルと大きく乖離し，仕事に
> 支障をきたしている職員がいます。本人の将来を考え退職を勧めた
> いのですが。
> - 答え，解説
> - ワンポイント解説　　退職勧奨とは
> - 職員との対話実践編　退職を勧めたい職員とのやりとり

4 退職時の引継ぎと有休処理／173

> **Q4** 退職間近の職員から「残っている有休をすべて取りたいのです
> が。」と言われました。引継ぎができないので，有休を断ることは
> できますか？
> - 答え，解説
> - ワンポイント解説　　有休の計画的付与で有休取得の促進をする
> - 職員との対話実践編　突然退職願を出してきた職員とのやりとり

5 突然出勤しなくなった職員への対応／177

> **Q5** 突然職員が出勤しなくなりました。しばらく連絡がつかないので，
> 退職の手続きを進めたいのですが？
> - 答え，解説
> - ワンポイント解説　　公示送達の手続き
> 　　　　　　　　　　　退職することをメールで伝えてきた場合
> - 職員との対話実践編　メールで退職を伝えてきた職員とのやりとり

6 退職金の算定基準を聞いてきた職員への対応／181

> Q6 職員から「在職中に実績を上げても上げなくても退職金は同じな
> んですか？」と聞かれました。退職金は勤続年数で決まるものでは
> ないのですか？
> ・答え，解説
> ・ワンポイント解説　　ポイント制退職金制度
> 　　　　　　　　　　　確定拠出年金の導入
> ・職員との対話実践編　退職金のことを聞いてきた職員とのやりとり

本書の特徴と見方

◎本書が対象とする読者

　本書を読んでいただきたい，その対象となる読者は次のみなさんです。本書の中
では総称して「院長」と表現しています。
- クリニックの院長先生
- クリニックの事務長
- クリニックの経理・労務リーダーの方
- クリニック開業をお考えの医師

◎本書の特長

1．院長先生の"人事労務管理力"の向上を支援

　本書は，クリニックをあずかる院長先生の"人事労務管理力"を磨くために書か
れた，人事労務管理の実践・ノウハウ本です。日ごろ院長先生が，本書を傍らに置
いていただき，設問（ケース）ごとの対処方法を確認してクリニックで実践できる
内容にしています。最初のページから通読する必要はありません。必要なときに必
要な箇所だけ読んで，院長先生の人事労務管理にお役立てください。

2．人事と労務の両面から"人事労務管理力"を高める

　本書では，日常の人事労務管理面だけでなく，人事管理面にもスポットをあてて
います。

　今までの類書にはなかった内容構成であり，本書１冊で院長先生が人事と労務の両面から人事労務のリスクを予防しつつ，職員のみなさんと組織の成長にどう関わっていったらよいか，その対処ができるように構成しています。

　また，事務長，経理・労務リーダーの方の"人事労務管理力"を高めるための研修テキストとして，大いにご活用いただけます。

３．Q&A（一問一答）形式による簡潔なアドバイス

　職員のみなさんの人事労務管理について，「果たしてこれでよいのか？」「答えはわかったけど，それをどのように職員のみなさんに伝えたらよいか？」「ヒントが欲しいが聞く人がいない」など，院長先生が自信を持てないときに Q&A 方式によって，その疑問・不安・悩みにズバリ簡潔にアドバイスしています。

　Q（設問）は全部で33問あります。クリニックを経営すれば必ず経験すると思われる人事労務管理上の悩みや相談事項を，厳選して取り上げています。

４．職員との対話・実践を重視した人事・労務ノウハウの提供

　第２部第４章以降のQごとに，「職員との対話実践編」というコーナーを設け，院長先生と職員のみなさんとの対話実践事例を紹介しています。

　人事労務のリスク予防や職員のみなさんの「気づき」「納得」「士気向上」のためには，院長先生と職員のみなさんとの対話が欠かせません。

　対話実践事例を参考に，ぜひクリニックの中で職員のみなさんとじっくり対話をしてみてください。

　職員のみなさんとの対話から，信頼関係が構築できたり，職員と組織の成長のヒントが得られるはずです。

◎本書の見方

第１部　"人事労務管理力"の発揮

　第１部では，"人事労務管理力"という新しい概念を紹介します。

　まず第１章では，なぜ院長先生にとって人事労務管理が重要な仕事なのか，その意義や必要性について確認します。

　次に第２章では，「トータル人事労務管理」と「日常の人事労務管理」の２つの側面から，人事労務管理のポイントについて解説します。

　最後に第３章では，"人事労務管理力"の２つの要素について解説しています。また簡易診断も用意しています。

第2部 "人事労務管理力"実践Q&A／【第4章から13章】

　　第4章〜第13章は，Q&A方式によって，院長先生がクリニックで"人事労務管理力"を実践できるように構成しています。以下は，第4章から第13章におけるQ&Aの見方です。

- 見出し：探したい必要なテーマを検索しやすいように，各Qを要約する形で見出しをつけています。
- Q（設問）：院長先生からの相談や質問です。
- A（回答，アドバイス）：Qに対しズバリ簡潔に，院長先生がとるべき対処方法やその方向性などを回答・アドバイスしています。
- 解説：A（回答，アドバイス）をさらに具体的に詳しく解説しています。人事労務管理の実践で必要な一般的な知識を踏まえ，院長先生として実践すべき事柄を紹介しています。

　　また，必要に応じて，現在の状況を放置した場合のリスクや起こり得るトラブルについても触れています。

　　なお，設問によっては，解説内容を裏付ける根拠として，判例や各種法律条項などを掲載しています。

- ワンポイント解説：解説に出てくるキーワードの解説やQ&Aに関連する参考情報を紹介しています。
- 職員との対話実践編：Q&Aに対する解説やアドバイスを理解したうえで，実際に職員のみなさんとどのように対話をしたらよいのか，その対話実践事例を紹介しています。

　　対話実践事例を参考に，ぜひクリニックで職員のみなさんとの対話をしてみてください。

- 外部専門家などとの連携度：院長先生も人間ですから，人事労務管理について常に正しい判断ができるとは限りません。院長先生が判断する前に，社会保険労務士などの外部専門家に相談することで，未然にトラブルを回避してください。

外部専門家などとの連携度
レベル1：就業規則で確認，又はクリニックのルールに基づき対応
レベル2：外部専門家に相談したうえで自ら対応
レベル3：外部専門家主導で対応。ただし経過を共有し，事業主としてフォロー

第 1 部

"人事労務管理力" の発揮

第1章

人事労務管理は
院長のもっとも重要な仕事

 ## 1 クリニックと院長自身にとって大きな
痛手となる人事労務トラブル

　院長が，診療所内外でくすぶる人事労務の問題を，仕事が忙しいので対応できなかった。また，院長が，本来すべき人事労務管理をどうしたらよいかわからず，そのままにしておいた。このような言い訳や放置が，その後院長自身にとって大きな痛手となる，人事労務トラブルを引き起こしてしまうことがよくあります。

　これらのトラブルは本来，職場をあずかる院長が，人事労務管理の知識をもって，早期に予防・対処していれば，大事にならずにすんでいたと思います。

　図表1-1は，院長の人事労務管理に関する知識の不足や人事労務管理の実践を怠ったことによって生じた，人事労務トラブルの実例です。クリニックにおいて，このようなトラブルが発生すると，クリニック経営を揺るがすような事態や大きな損失につながってしまいます。

図表1-1 ▶「人事労務トラブル実例」

トラブル実例	トラブルの内容とその結果
事例1）パワハラ不当解雇 職員が仕事でミスを繰り返すので感情的になり、「明日からクリニックに来なくていい」と言ってしまった。職員は翌日から出社しなくなり、その後、個人加盟の労働組合（ユニオン）から団体交渉を申し込まれた。	Xユニオンから、院長のパワハラによる不当解雇だと、団体交渉を申し込まれ、不就労部分の賃金100％と慰謝料を含む多額の解決金を支払うことになってしまった。院長が団体交渉や相手方弁護士との対応に追われ、クリニックとして大きな負のコストが発生してしまった。結局、職員は退職したが、職場の雰囲気は最悪、他の職員も相次いで退職してしまった。
事例2）残業不払い請求 職員が自己都合で退職願いを提出し、有給休暇の消化に入ったとたん、過去2年分の残業代の不払い請求を、内容証明郵便でクリニックに送りつけてきた。同時に労働基準監督署にも申告された。	労働基準監督署から是正勧告を受けたので、社会保険労務士が調査したところ、院長が時間外勤務の管理を怠っていたため、不払いの残業代が発生していることがわかった。2年間にわたる残業代の未払い金（約200万円）を支払うことになってしまった。
事例3）うつ病の発症 仕事が忙しく、人手が足りなかったため、職員に月80時間を超える残業を、半年間させてしまった。職員は、疲労とストレスから、うつ病を発症してしまい、クリニック就業規則により休職となった。	院長は、うすうす職員の調子が変だと感じつつも、長時間残業を継続させてしまった。病院では、「うつ病」と診断されたが、労災認定はされなかった。休職期間の満了が近づいたその時、家族から労災であるとクリニックに詰め寄られた。職員の家族を巻き込んだ、最悪の事態に発展してしまった。
事例4）職員のやる気の低下 人事評価（賞与評価）の結果を適切にフィードバックできなかったために、職員のやる気を著しく低下させてしまった。	賞与評価において、他の職員より低い評価とされた。なぜ、そのように取り扱われたのか、職員の求めに対し、院長が説明できなかったために、職員のやる気を著しく低下させ、信頼関係も壊してしまった。職員の仕事ぶりは以前と比べると明らかに質・量ともに落ちてしまった。

事例5）新入職員の退職	
新卒で採用したばかりの職員から，クリニックの給与のしくみ（どのように頑張ったら昇給するのか）について聞かれたが，院長はよくわからなかったため，「それは会計事務所が決めたこと，直接聞いてくれ」と発言したら，職員が辞表を提出してきた。	クリニックの給与体系や昇給のしくみを，院長として説明ができず，他人事のように言ってしまった。職員は院長への信頼とこのクリニックで働く希望を失い，退職してしまった。代替人員の採用には多額のコストを投入した。また，優秀な新入職員で将来を見込んでいただけに，クリニックにとってはコスト以上の痛手であった。

2 院長が職場の人事労務管理を怠ると何が起こるか

　図表1-1で紹介した人事労務のトラブル実例は，昨今クリニックで起こっている，数あるトラブル実例の氷山の一角です。院長に人事労務管理の知識が不足していたり，人事労務管理そのものを怠った場合に，結果としていったい何が起こるのか，再度ここで整理します（**図表1-2**）。

図表1-2 ▶ 人事労務管理を怠った結果起こること

> (1)　ムダなコストが発生する
> (2)　負のコストが発生する
> (3)　職員との信頼関係が悪化する
> (4)　職員の離職を招く
> (5)　クリニックの評判に大きなマイナスとなる
> (6)　クリニック経営を揺るがす大きなトラブルに発展する

(1)　ムダなコストが発生する

　職員への給与や残業代の支払いは，積極的な経営を前提とすると，投資と考えることができます。ただし，ダラダラ残業等は，ムダを多く含んでいる可能

性が大きいといえます。特に，職員がおしゃべりをしてタイムカードを押し忘れているだけにもかかわらず，打刻通りの残業代を支払っていれば，ムダなコストとしての人件費が膨らんでしまいます。

　さらに，ムダともいえる残業のために職員がクリニックに居残ると，それだけで水道光熱費も消費されてしまうことになり，二重三重にムダなコストが膨らんでいきます。

(2)　負のコストが発生する

　クリニックにとって最も発生させてはいけないコストが，人事労務トラブルによって発生する，いわゆる「負のコスト」です。「人事労務トラブル実例（図表1−1）」のようなトラブルが発生してしまうと，トラブル解決に費やす時間的人件費コスト，トラブル解決金，その間に仕事ができなかったことによる機会損失，精神的ストレスによる生産性の低下などによる，「負のコスト」増を発生させてしまいます。

　「負のコスト」は，クリニックがさまざまな努力をして生み出した利益を，一瞬にして吹き飛ばしてしまいます。院長はこの負のコストを発生させないよう，人事労務に関する最低限必要な知識（クリニックの人事制度，就業規則，労働基準法など）を身につけ，常日ごろから職員の仕事ぶりを観察し対話していくことが必要です。

(3)　職員との信頼関係が悪化する

　院長が人事労務管理を怠ると，職員は自分のことを考えてくれない院長に失望してしまいます。また，日々の労務管理上の気遣いができない院長は，職員から敬遠されてしまいます。

　このような職場では，職員の院長に対する感情はやがて不満となり，少しずつ蓄積され大きくなっていきます。ふとしたきっかけでその不満が爆発し，大きなトラブルへと発展することがあります。

　このような状況に陥ってしまうと，当然のことながら，職員との信頼関係を

築くことはできません。ますます悪化の一途をたどってしまいます。

⑷　職員の離職を招く

　人事労務管理を怠っている院長は，優秀な職員の離職を招いてしまうことがあります。特に大きな病院から移ってきた職員は，院長の人事労務管理上の言動には敏感です。例えば，人事労務管理の基本である就業規則を例にとると，就業規則をオープンにしないクリニックや，院長が就業規則の内容を説明できないクリニックは，それだけで職員から，クリニックの本質やレベルを見抜かれてしまいます。

　収益を継続的にあげ職員の士気が高いクリニックは，職員との厚い信頼関係のもと，院長が人事労務管理を職場できめ細かく実践しています。このようなクリニックでは，優秀な職員の離職は，よほどの個人的な理由がない限り起こりません。

　以上のように，人事労務管理は，優秀な職員の離職と定着に深い関係があることを，もっと認識すべきです。良い人材がクリニックに残らなければ，継続的な発展はあり得ません。

⑸　クリニック経営を揺るがす大きなトラブルに発展する

　クリニックでは，院長が人事労務管理を怠ったことから，クリニック経営を揺るがす大きなトラブルへと発展することがあります。例えば，労災事故や，セクシュアルハラスメントやパワーハラスメントなどの人事労務トラブルが発生した場合は，民事上で院長の使用者責任を問われ，裁判の結果，多額の損害賠償金の支払いを命じられることがあります。また，職員の残業代の不払いが発覚し，過去にさかのぼって支払うことになれば，資金繰りに影響してしまいます。

3　人事労務管理は院長のもっとも重要な仕事である

　人事労務管理は，職場をあずかる院長の最も重要な仕事です。その仕事を全うするためには，院長が"人事労務管理力"（人事労務管理に関する知識と実践をもって，職員との信頼関係を築き，個人と組織の成長に貢献する力）を身につけ，発揮することが必要です。"人事労務管理力"については，第3章で詳しく解説します。

　院長にとって人事労務管理が，なぜ最も重要な仕事なのか，それは，次の理由によります。

---

(1)　院長の考える診療を行うことができる
(2)　職員との信頼関係の構築ができる
(3)　職員の「やる気」を引き出し，能力を向上させることができる
(4)　人事労務トラブルを未然に防ぐことができる

---

(1)　院長の考える診療を行うことができる

　院長は適切な人事労務管理を実施することによって，人件費を有効に活用し，生産性を高め，院長の考える診療を実施していくことができます。人件費の有効活用とは，職員の「やる気」を高めながら，必要な場面で，必要な人を，必要なだけ（時間）投入し，最大限の付加価値を創造するということです。

　また，職員にとっては定時（またはより少ない時間）で仕事が終了し，趣味や余暇，育児などに時間を使うことができれば，こんなに良いことはありません。すなわち，院長は，人事労務管理の実践によって，より少ない時間でクリニックの利益を最大化，成果を職員と一緒に分かち合うことができるということです。

(2)　職員との信頼関係の構築ができる

　院長が職場において，人事労務に関する最低限必要な知識をもっていれば，それだけで職員からの信頼が得られます。例えば，日常の労務管理で必要となる労働基準法の知識や就業規則の内容をしっかり理解していれば，職員の就業上の悩みや求めに応じ，すぐにその場で返事をすることができます。職員は，そのような院長に対しては，必ず信頼を寄せてくれるはずです。また，職員の成長を願って，職員と向き合って対話をしたり，人事労務トラブルを未然に予防する配慮や行動をすることによって，院長と職員，同僚職員同士の強固な信頼関係を築くことができます。

　このような院長のいる職場は，明るく元気になり，活力が生まれます。さらに，職員がチームワークをもって仕事に取り組むようになりますので，仕事の成果も必ず上がります。

(3)　職員の「やる気」を引き出し，能力を向上させることができる

　院長が，職員のキャリアに関する悩みや課題にしっかり対話をもって応え，中長期的な観点からキャリア形成のアドバイスができれば，職員の自発的かつ本物の「やる気」につながります。また，日常的には，職員の仕事のプロセスや職員の良さ（持ち味）を，そのつど具体的に認めたり，褒めたりできれば，職員は院長と信頼関係を深め，仕事の成果をあげていくものと思われます。

　特に，職員の人事評価における前向きなフィードバックの実施や，新しい仕事にチャレンジさせれば，職員の能力を向上させることができます。このような院長のもとでは，職員が育ち，クリニックにとっての財産（人財）となります。

(4)　人事労務トラブルを未然に防ぐことができる

　人事労務に関するさまざまなトラブルは，職場で起きています。したがって，

トラブルの“火種”を早期に発見し未然に防げるのは職場をあずかる院長です。

　万が一，人事労務トラブル（図表1-1）が発生してしまうと，院長自身も大きな痛手です。しかし，このようなことは，院長が観察力をもって日ごろから職員をみていれば，その多くを未然に防ぐことができます。決して前向きな仕事ではありませんが，まさに院長だからできる重要な仕事です。

　以上本章では，さまざまな角度から，院長にとって，人事労務管理が最も重要な仕事であり，今まさに“人事労務管理力”の向上が院長に求められているということを述べてきました。第2章では，院長が職場で実際に人事労務管理を実践する場合のポイントについて紹介します。

第 2 章

院長が職場で実践する 人事労務管理のポイント

 1 トータル人事労務管理と 日常の人事労務管理の実践

　第1章では，人事労務管理は院長の最も重要な仕事の1つであることを述べました。そこで，院長が人事労務管理をより効果的に，モレなく実践するために，人事労務管理の体系について，次のように整理しておきたいと思います。

　人事労務管理には，**図表2-1**のように「トータル人事労務管理」と「日常の人事労務管理」の2つの側面があります。トータル人事労務管理は，採用から退職までの各節目や年度人事スケジュールにおいて実施される事項（給与・賞与などの処遇や育成など）を，主に管理・サポートします。

図表2-1 ▶ 人事労務管理の体系

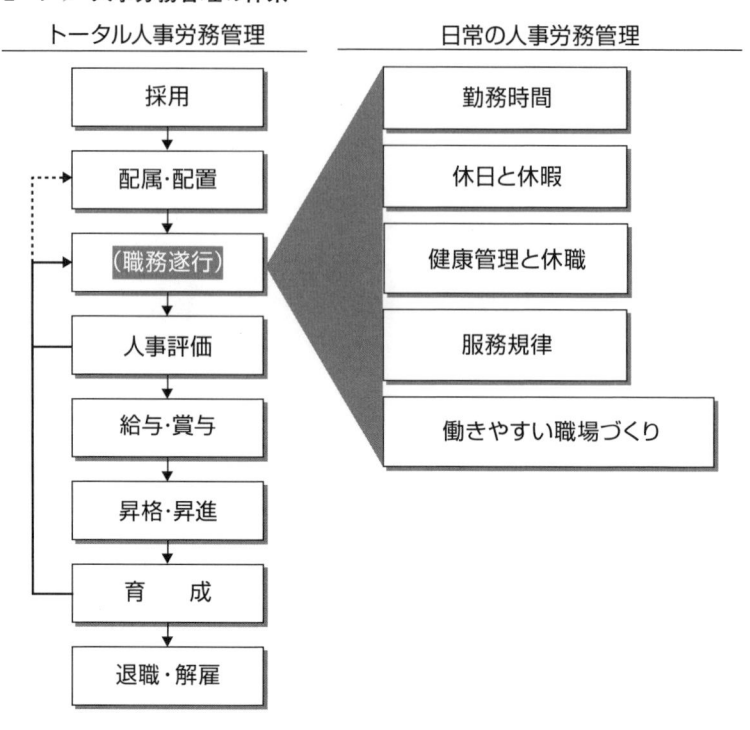

一方，日常の人事労務管理は，それぞれの職場における日々の職務遂行の中で，職員の育成を念頭に置きながら，勤務時間や休日・休暇管理，健康管理と休職，服務規律，働きやすい職場づくりなどのために，管理・サポートする側面ということになります。院長は，この人事労務管理体系をしっかり頭に入れ，この2つの側面において，人事労務管理を実践していくことが望まれます。

2　院長が行う人事労務管理のポイント

院長は，人事労務体系に沿って人事労務管理を実践していきます。そのとき，次のような人事労務管理のポイントを押さえることによって，「職員の育成」「職員との信頼関係の構築」「人事労務トラブルの予防」を図ることができます。

トータル人事労務管理のポイント

① クリニックの理念や診療方針に深く関連することから，その理念や方針に沿ったかたちで実践すること
② 給与・賞与など，職員の処遇に直結する事項は，院長自らそれらに対する考え方を整理しておくこと
③ 中長期的にみた職員育成をするという観点を，人事労務管理に取り入れること
④ 職員とのコミュニケーションを図るという観点から，傾聴と対話を重視すること

日常の人事労務管理のポイント

① 日々の職員の仕事ぶりや健康状態・精神状態に，常に細心の注意と観察力をもって臨むこと
② 職員の勤務に関することが多く含まれるため，クリニックの就業規則の内容や基本的な労働法の知識を理解しておくこと
③ 職員の勤務態度が良くないなど，就業規則に違反するような事実や社会通念上好ましくないと判断される言動があった場合には，その場で職員を指導すること
④ 「過大な残業」「ダラダラ残業」「無許可の残業・休日出勤」は絶対に野放しにせず，職員と話し合い具体的な対策を打つこと
⑤ 職場の5Sや挨拶，チームワークなど，働きやすい職場を形成するために，院長自らが率先垂範して行動すること
⑥ トラブルに発展しそうなことは，自分（院長）で勝手に判断せず，専門家等と連携すること

3　院長と就業規則の関わり

　院長が人事労務管理を実践するうえで，就業規則は欠かせません。院長にとって，最も身近で重要なツールです。すなわち，人事労務管理を実践するための基準です。したがって，院長はクリニックの就業規則について，その内容を十分正確に理解していることが求められます。就業規則の理解なしには，職員の人事労務管理はできないといっても過言ではありません。

　そこで，就業規則とは何か。さらに就業規則と院長はどのような関係にあるのかについて，確認しておきます。

(1)　就業規則とは理念を達成するためのツール

　就業規則は，常態として10人以上の労働者（常勤職員やパートタイマーなどの就業形態は問わない）を雇用する事業所に対して，労働基準法でその作成と労働基準監督署への提け出が義務づけられています。

　就業規則作成の目的ですが，世間一般的には「職員の服務規律，労働条件，その他就業に関する必要事項を定める」ことを目的にしています。現在のような社会・経済環境のもとでは，就業規則は職員の能力を最大限に引き出し，クリニックの業績アップにつなげる，経営のツールとしての位置づけにしてもよいと考えます。

　院長が，"人事労務管理力"を発揮し，個人と組織の成長に貢献していくためには，次のような就業規則の新しい考え方を積極的に取り入れていくことが求められます。

> **就業規則の新しい考え方**
> ①　院長と職員が協力して理念を達成するために，クリニックが定めた職員の労働条件や服務規律ならびに院内ルール
> ②　院長と職員が協力して，理念や経営目標を実現するための，共通の考

え方や行動指針

(2)　就業規則の作成意義を知る

　クリニックが就業規則を作成するのは，単に労働基準法で作成が義務づけられているからだけではありません。クリニックと職員にとって次のような重要な意義があるためです。

クリニック側にとっての意義

①　一定の労働条件を統一的に定めることによって，効率的な事業運営ができる
②　経営上のリスクを予防できる
③　人事労務トラブルが発生した場合に，その解決根拠となる
④　クリニックと職員の働くうえでのルールを明確にすることによって，両者間の信頼関係を構築できる

職員側にとっての意義

①　労働条件が明確になることから，安心して働くことができる
②　職員同士が職場の規律やルールを守ることで，気持ちよく働くことができる

---

(3)　就業規則と院長との関係

　就業規則は，職員の意見を聞くという手続きを経てクリニックが定めるものです。院長の役割と責任は，クリニックの方針を職員に伝え，仕事を割り振り，仕事を通じて職員を育成することにあります。そのように考えると就業規則は，院長が職員に良い仕事をしてもらうための基準やルールと考えることができます。したがって，院長は就業規則に強い関心をもつと同時に，就業規則の職場

での運用をしていく必要があります。

　また，就業規則は経営リスクを未然に予防する観点からも作成されているので，自院の就業規則にある条文の内容が何を意味しているのか，なぜ経営リスクの未然防止につながるのかについても，理解しておく必要があります。

　さらに，就業規則の新しい考え方は，院長と職員が協力して，経営理念や経営目標を実現することにありますので，その考え方を職員とともに共有し，院長が率先して，目標実現のための行動をしていくことが大切です。

　最後に，人事労務トラブルが起こったときは，院長が就業規則の内容を知らなかったではすまされません。近年，労働裁判においては，使用者責任が問われ，多額の損害賠償を請求される時代になっています。院長自身を守るためにも，就業規則の理解は欠かせません。

第 3 章

院長の"人事労務管理力"の発揮

 **1 "人事労務管理力"の定義**

これまで第1章および2章において，院長の"人事労務管理力"というキーワードについて触れてきました。ここであらためて"人事労務管理力"を次のように定義しておきます。

> "人事労務管理力"とは
> 「人事労務管理に関する知識と実践をもって，職員との信頼関係を築き，個人と組織の成長に貢献する力」

"人事労務管理力"を発揮することによって，職員と組織（クリニック）の成長に大きく貢献し，クリニックを元気にすることができます。これは職場をあずかる院長にしかできません。

今後，この"人事労務管理力"を向上させる取組みが，クリニックの競争力そのものに大きく影響するものと考えます。

2　"人事労務管理力"は 2つの要素とその構成項目からなる

(1)　人事労務管理力の 2 つの要素

　人事労務管理力は，2 つの要素から構成されます。「知識」と「実践」です。知識とは，「専門家・コンサルタント等ほどの専門性は要求されないが，職場で必要となる範囲の人事労務管理に関する知識」のことをいいます。

　実践とは，「職員との信頼関係を築き，職員と組織の成長につなげる具体的行動」のことをいいます。

　知識だけでは，職員と組織の成長に貢献はできません。知識があって実践が活き，実践をもって新たな知識を取り込む，この知識と実践の行き来をすることが大変重要になります。

(2)　人事労務管理力の知識項目

　人事労務管理力を構成する項目について，さらに具体的にみていきます。

　まず，知識を構成する項目についてです。人事労務管理では，実践より以前に知識そのものを有しているかどうかが重要になります。なぜなら，知識がないと実践にまで踏み込めないケースが多くあるからです。また，知識として知っているか，知らないかは，それだけで，職員の院長に対する信頼感にも大きく影響します。

　例えば，職員が「有給休暇の付与日数」「時間外労働割増率」「評価基準」「給与・賞与の決定基準」などについて訊いてくることがあります。このようなときに，職員の聞きたい情報について，院長が即座に説明ができれば職員の信頼が得られますが，説明ができなければ，職員は院長を頼りなく思い，信頼しなくなってしまいます。職員からすれば，職員自身にかかわる人事労務の質問事項は，院長が思っている以上に重大な関心事なのです。

　図表 3 - 1 は，人事労務管理力における「知識」の項目です。人事労務に関

する知識を取り上げればキリがありませんが，これまでの当法人の人事労務管理支援の経験から，職場で最低限これだけは必要と考えられる10項目を厳選，抽出し定義しました。

図表3-1 ▶ 人事労務管理力の知識項目

知識項目名	主たる着眼ポイント
トータル人事労務管理に関する知識	
①採用・配置	• 基本的な労働契約事項 • 面接時に聞いてよいこと，いけないこと • 試用期間の意味
②人事評価	• 評価者の陥りやすい代表的なエラー • 評価面接のやり方
③給与・賞与	• 給与支給や昇給の考え方 • ノーワーク・ノーペイの原則 • 賞与支給の考え方 • 時間外割増賃金（率）
④昇格・昇進	• 昇格と昇進の考え方 • 昇格，昇進と給与の関連
⑤育成	• OJTの意義とやり方 • P（Plan：計画）-D（Do：実行）-C（Check：評価）-A（Action：改善・処置）のサイクル • 主な動機づけ理論 • 主なコーチングの手法
⑥退職・解雇	• 退職に関するルール • 解雇の手続き • 普通解雇と懲戒解雇の違い • 退職勧奨の意味
日常の人事労務管理に関する知識	
⑦勤務時間	• 法定労働時間や休憩時間 • 「労働時間」とは何か，その概念 • 勤務時間制度
⑧休日・休暇	• 休日と休暇の違い • 代休と振替休日の違い

	• 有給休暇の法定付与日数など • 育児休業や介護休業の日数や基本的な手続き
⑨健康管理・休職	• 職員の健康状態（心身とも）を確認するポイント • 過重労働の目安時間 • 職員の休職に関する手続き • 健康診断に関する基本的な知識
⑩服務規律	• 職員の服務規律 • セクシュアルハラスメントの定義 • パワーハラスメントの定義 • 妊娠・出産，育児休業・介護休業等に関するハラスメントの定義 • 懲戒に関する基準

　上記「トータル人事労務管理に関する知識」の中で，「人事評価」，「給与・賞与」，「昇格・昇進」などは，クリニックにその制度そのものが存在しない，または院長の判断や裁量に委ねられているというクリニックもあります。そのような場合は，職員に説明できるレベルまでに考え方を整理しておくことが必要です。

(3)　人事労務管理力の実践項目

　次に，実践を構成する項目についてです。**図表3-2**は，人事労務管理力の実践項目になります。個人と組織の成長に貢献するために，必要不可欠と考えられる10項目を厳選，抽出し定義しました。

　これら実践の10項目の中で，最も重要であり核となる項目は，「①傾聴力」と「②対話力」です。この「傾聴力」と「対話力」は，人事労務管理を実践するうえでの原点であり，職員の成長と気づき，院長と職員の信頼関係構築には欠かすことができません。

　したがって，まずはこれら2つの項目について，優先的かつ集中的にスキルとして身につけ行動として習慣化することが，院長自身の人事労務管理力の開発・向上において一番のポイントになります。

図表3-2 ▶ 人事労務管理力の実践項目

実践項目名	定　　　義
①傾聴力	• 職員の話に共感しながら，肯定的（否定せず）に最後まで聴く実践力
②対話力	• 職員の成長を願い，嫌なことでも逃げずに，院長としての考え方や意思をしっかり示し，わかりやすく伝える実践力
③観察力	• 常日ごろから，職員の心身の健康状態や仕事ぶりをしっかり注意して見る実践力
④承認力	• 職員の努力（頑張り）や良さ（持ち味）を認めたり，褒めたりする実践力
⑤OJT力	• 中長期にわたる職員の成長イメージを持ち，日ごろの職場での仕事を通じて計画的・継続的に職員の育成を行う実践力
⑥率先垂範力	• 職員との取決め事や目標達成に向け，先頭に立ち自ら模範となる行動をとる実践力
⑦教育的指導力	• 職員の組織運営上または就業規則上好ましくない言動を，時間を置かずにその場で正す実践力
⑧トラブル対応力	• 人事労務トラブルの未然防止の行動やトラブル発生時の問題解決をする実践力
⑨連携力	• チーフ的立場の職員や外部の専門家等と連携し，人事労務トラブルの未然防止やトラブル発生時の問題解決を一緒になって行う実践力
⑩職場形成力	• 信頼関係があり，チームワーク（協力）を発揮できる職場づくりを行う実践力 • 明るく，風通しのよい（何でも意見が言い合える）職場づくりを行う実践力

3　院長のための人事労務管理力診断（簡易版）

(1)　人事労務管理力診断（簡易版）の実施

　ここでは，院長の人事労務管理力について，簡単に診断してみます。

　人事労務管理力診断（簡易版）では，次ページの質問にお答えいただき，「人事労務管理力レーダーチャート（知識パートと実践パート）」を作成することによって，人事労務管理力における「知識」と「実践」のそれぞれの項目に対し，ご自身がどのレベルにあるか，あるいはどの点が強く，どの点が弱いのかが簡単に把握できます。今後の院長の人事労務管理力の開発・向上にお役立てください。

【知識パートの診断】

　まず，人事労務管理力における「知識」パートの診断を行います。

　「知識」パートは，「トータル人事労務管理に関する知識」と「日常の労務管理に関する知識」を合わせた10項目について診断します。それぞれの設問について，「かなり詳しく知っており十分説明できる」と思えば「5点」，「よく知っている」と思えば「4点」，「だいたい知っている」と思えば「3点」，「あまり知らない」と思えば「2点」，「ほとんど知らない」と思えば「1点」，「興味が全くない」と思えば「0点」を，各項目の「点数」欄に記入し，各項目の点数を，次図のレーダーチャートに記入し，実線で結んでください。

【人事労務管理力：知識パート】

知識パート 設問項目	設　　　　問	点数
①採用・配置	労働契約時に書面で必ず定めなければならない事項を5つ以上知っていますか？	
②人事評価	絶対評価と相対評価の違いを知っていますか？	
③給与・賞与	ノーワーク・ノーペイの原則の意味を知っていますか？	
④昇格・昇進	昇格と昇進の一般的な意味の違いについて知っていますか？	
⑤育成	OJTとは，何をどうすることか，その定義を知っていますか？	
⑥退職・解雇	労働基準法に定められている，解雇の手続を知っていますか？	

⑦勤務時間	勤務している時間とは，どのような時間のことかその意味を説明できますか？	
⑧休日・休暇	労働基準法で定める年次有給休暇の付与日数を知っていますか？	
⑨健康管理・休職	36協定に定める1カ月の時間外労働の限度時間を知っていますか？	
⑩服務規律	パワーハラスメントの定義を知っていますか？	
合計点		

図表3-3 ▶ 人事労務管理力レーダーチャート［1］知識パート

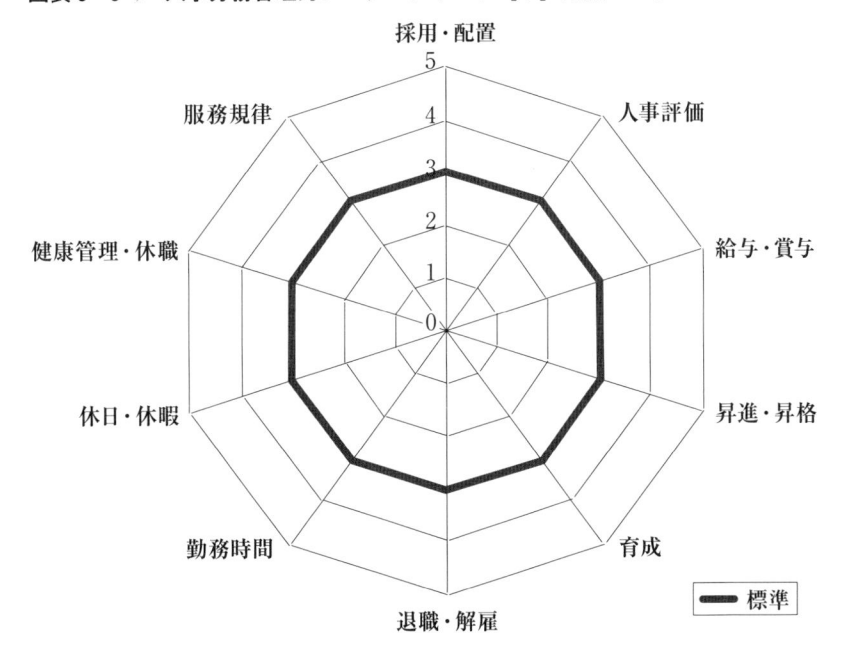

【実践パートの診断】

　次に，人事労務管理力における「実践」パートの診断です。

　「知識」パートと同様に10項目について実施します。それぞれの設問について，「完全に実践しており模範となっている」と思えば「5点」，「よく実践し

【人事労務管理力：実践パート】

実践パート設問項目	設　　　　問	点数
①傾聴力	職員の話は途中でさえぎらず，最後までしっかり聴いていますか？	
②対話力	嫌なことでも逃げずに，職員に対して自分の考え方や意見を伝えていますか？	
③観察力	日ごろから，職員の心身の健康状態はチェックしていますか？	
④承認力	ちょっとした職員の成長を，具体的に褒めていますか？	
⑤OJT力	目標と期日を設定して職員の育成を実施していますか？	
⑥率先垂範力	院長自ら進んで挨拶や5S（整理・整頓・清掃・清潔・しつけ）をしていますか？	
⑦教育的指導力	職員が好ましくない態度や言動をとったときは，その場で正していますか？	
⑧トラブル対応力	就業上のルール（就業規則など）を，折を見て説明したり教育をしていますか？	
⑨連携力	クリニックの困りごとについて，相談できる相手や外部専門家はいますか？	
⑩職場形成力	院長として自分のクリニックをどのようにしていきたいか，伝えていますか？	
合計点		

ている」と思えば「4点」，「まあまあ実践している」と思えば「3点」，「あまり実践していない」と思えば「2点」，「ほとんど実践していない」と思えば「1点」，「全く実践していない」と思えば「0点」を，各項目の「点数」欄に記入し，各項目の点数を次図のレーダーチャートに記入し，実線で結んでください。

図表3-4 ▶ 人事労務管理力レーダーチャート［2］実践パート

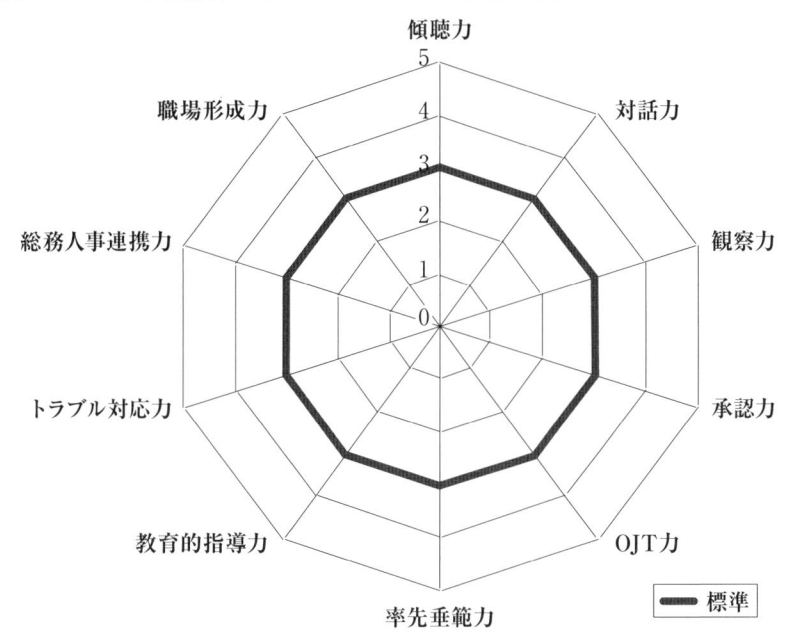

⑵ **人事労務管理力診断（簡易版）結果の見方**

【レーダーチャート：知識パートの見方】

　知識パート（**図表3-3**）は，右半分が「トータル人事労務管理に関する知識」，左半分が「日常の労務管理に関する知識」です。まず，院長が「トータル人事労務管理に関する知識」と「日常の労務管理に関する知識」のどちらが強いのかを把握します。次に個々にどの項目が強く，どの項目が弱いかを把握し，弱い点について本書などにより知識を身につけます。優先順位は，「日常の労務管理に関する知識」からになります。まずは標準（3点）を突破することを目標としてください。

【レーダーチャート：実践パートの見方】

　人事労務管理力における実践パートにおいては，まずは「傾聴力」と「対話

力」を磨くことが最優先です。また，傾聴力から右回りに実践力を身につけていくことが取り組みやすい順序といえます。実践力を身につける（行動として習慣化させる）ことは，すぐにはできませんが，院長が，職員と組織の成長を本気で願い，習慣化を意識しながら職場の中で地道に経験を積み重ねていくことが肝要です。

【人事労務管理力における総合力の見方】

　知識パートと実践パートの合計点を足した総合点によって，人事労務管理力を判定します。「診断結果1　人事労務管理力の総合力レベル」をご覧ください。この総合点によるレベルを把握することによって，現在の"人事労務管理力"の総合力が自己確認できます。レベル0とレベル1のみなさんは，職場の人事労務管理に危機意識を持ち，早急に職場で必要とされる範囲の人事労務管理知識の学習と初歩的な実践に取り組む必要があります。

【診断結果1　人事労務管理力の総合力レベル】

レベル0：総合点0点〜20点
　人事労務管理力はかなり弱く，頻繁に職場で人事労務トラブルを引き起こしてしまうおそれがある。

レベル1：総合点21点〜40点
　人事労務管理力は弱い。人事労務に関する基礎的な知識の理解は有しているが，たびたび人事労務トラブルに見舞われる可能性が高い。

レベル2：総合点41点〜60点
　人事労務管理力はまずまず及第点であり，人事労務のトラブルを事前に予防できる。

レベル3：総合点61点〜80点
　人事労務管理力は高く，トラブルの予防とトラブルが起こった場合の適切な解決ができる。職員の信頼は厚い。

レベル4：総合点81点〜100点

人事労務管理力は非常に高い。職員のやる気を喚起し，職員と厚い信頼関係を築いている。

【診断結果2　院長の"人事労務管理力"におけるタイプ分け】

最後に，知識パートと実践パートのそれぞれの合計点を縦軸と横軸にとり，院長としての"人事労務管理力"のタイプ分けを行います。ご自身がどのタイプかを知ることにより，今後の人事労務管理力の開発・向上のための道筋がわかります。

図表3-5 ▶ 人事労務管理力におけるタイプ

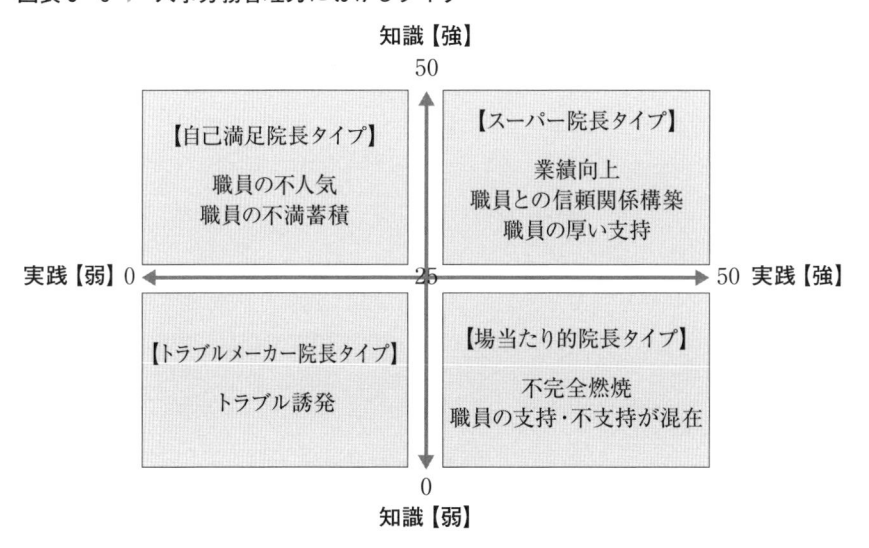

トラブルメーカー院長タイプ

●人事労務管理力における知識に乏しく，実践も弱いタイプ

"トラブルメーカー院長タイプ"の院長は，人事労務管理について，何をどうしてよいのかわからない人と，職員の人事労務管理に全く関心がない人の2つに分けられる。結果として，どちらも職員の不満を爆発させてしまい，

人事労務トラブルを引き起こしてしまう可能性が非常に高い。優先的に人事労務管理の意義を確認し，人事労務管理の基本的知識から謙虚に学ぶ必要がある。

自己満足院長タイプ

●人事労務管理力の知識はあるが，実践が伴わないタイプ

　"自己満足院長タイプ"の院長は，職員から支持されず，職員の不満は徐々に蓄積される。ときに人事労務トラブルを引き起こす可能性がある。実践の重要性を認識し，職場で実践を継続すれば，職員から支持を得て，"スーパー院長タイプ"に移行できる可能性がある。

場当たり的院長タイプ

●職場での実践はある程度できる行動派であるが，実践を裏づける知識が中途半端なタイプ

　"場当たり的院長タイプ"の院長は，いきあたりばったりの感があり，いつも結果は完全とまではいかない。職員からは支持（表面的）されるときもあれば，全く支持されないときもある。したがって，職員からの真の信頼を勝ち取るまでにはいたらない。知識を体系的に補強し，職場での実践を確かなものにすれば，"スーパー院長タイプ"へと移行できる可能性がある。

スーパー院長タイプ

●人事労務管理力の知識を持ち，職場での実践も十分にできているタイプ

　"スーパー院長タイプ"の院長は，人事労務管理力の定義にあるように，職員との信頼関係を築き，職員とクリニックの成長を実現できるタイプである。

"人事労務管理力" 実践 Q&A

勤務時間

1 勤務時間中の私用電話に対する指導

Q 1

勤務時間中に，私用の携帯電話をかけるため頻繁に持ち場を離れる職員がいます。どのように指導したらよいでしょうか？

A 1

　私用電話で頻繁に持ち場を離れる理由を確認します。身内の不幸など緊急を要する特別な事情がなければ，原則として勤務時間中の私用電話は禁止されるべき旨を伝えて，そのつど注意・指導を行います。改善されない場合の処分に備え，注意・指導した記録を残すことも必要です。

【解説】

(1) 職員には職務に専念する義務がある

　そもそも職員は，勤務時間中は事業主との雇用契約に基づき，職務を誠実に履行するという職務専念義務を負っています。また，勤務時間とは，「使用者に労務を提供し，使用者の指揮命令に服している時間」であり，自由に過ごせ

る時間ではありません。したがって，院長の許可を得ない限り，勤務時間に私用行為をすることは許されません。勤務時間中に私用電話をする行為は，職務専念義務に違反する行為と考えられ，私用電話の頻度，内容によっては，懲戒処分の対象にもなり得るものです。

　まずは，なぜ職員が私用電話で頻繁に持ち場を離れるのか，その理由を確認してください。どのような理由であれ，原則として，私用電話は禁止されるものです。身内の不幸など緊急を要する特別な事情がない場合は，勤務時間中は職務に専念をするよう，そのつど注意・指導をすることが必要です。

(2)　勤務時間中の私用行為を黙認するとクリニック内の規律が乱れる

　職員が私用電話で頻繁に持ち場を離れているにもかかわらず，何も注意・指導をしないとどうなるのでしょうか？

　予想されることですが，職務に専念している周りの職員に，確実に悪影響を及ぼします。私用行為で仕事を抜け出す職員が何の指導もされなければ，真面目に仕事をしている職員の士気は下がり，「勤務時間中に私用行為ができる」雰囲気がまん延してしまいます。

　そのような雰囲気がまん延してから，クリニック内の規律を元に戻そうとしても，「これまで黙認されてきたのに，なぜ今ごろになって注意されるのか」，という職員たちの反発を買うことになります。院長は，そのような事態になってしまう前に，その芽を早めにつみ取っておかなければなりません。

　院長が何度指導しても私用電話が改善されなければ，しかるべき処分を行うということになります。また，私用電話で離席している時間については，ノーワーク・ノーペイの原則（使用者に対して労務の提供がない場合は，労働者に賃金請求権が発生しないという原則）によって，その時間分の給与を控除することも，検討しなければなりません。

(3)　懲戒処分を行う場合は，職員への注意・指導が大きな手がかりとなる

　注意・指導をしても私用電話をいっこうにやめない職員に対しては，就業規則にのっとり，しかるべき懲戒処分を行うことになりますが，その処分の程度が問題となります。

専門家との連携度	レベル1	レベル2	レベル3	レベル4

そのつど注意を行い，改善がみられない場合は，専門家等に相談をしてください。

　勤務時間中に私的メールの送受信を行った従業員が解雇された「グレイワールドワイド事件・東京地裁平成15年9月22日」では，従業員の送受信したメールが1日2回程度であったことや就業規則上の禁止規定がなかったことから，職務専念義務違反にはあたらないとされました。「就業規則に特段の定めがない限り，職務遂行の支障とならず，使用者に過度の経済的負担をかけないなど，社会通念上相当と認められる程度で，使用者のパソコンを利用して私用メールを送受信しても，上記職務専念義務に違反するものではない」と判断されています。

　一般的に，勤務時間中の数回程度の私用電話で解雇することは認められませんが，解雇に至らないまでも，どの程度の懲戒処分が妥当かを院長は判断しなければなりません。前述の判例からみても，私用行為の頻度やその行為を行う理由，内容などを考慮し，職務遂行上どのような支障が起きているのかをポイントとして判断することになります。その処分を決定する判断材料として，院長が行ってきた注意・指導の客観的事実の記録が，大きな手がかりとなります。その主な注意・指導の対応は，次のとおりです。

注意・指導の客観的な事実の記録

① クリニックの就業規則に，勤務時間中の私用行為禁止規定があることの確認
② 離席するつど，回数，離席理由の確認と記録
③ 私用電話の理由確認とその回数の記録
④ 私用電話に対する注意，指導を行った回数，内容の記録
⑤ 私用電話により職務遂行に支障をきたした事実の記録　など

　職員の私用電話のつど，どのくらい仕事に支障をきたしているのか，客観的

な事実を確認できる材料がないと，懲戒処分の程度を誤る可能性があります。

　院長には，院内の規律を維持するためにも，職員の私用電話（私用行為）が発覚したつど本人に注意・指導を与え，教育する責任があります。

図表4-1 ▶ 私用行為が懲戒処分に至る経緯

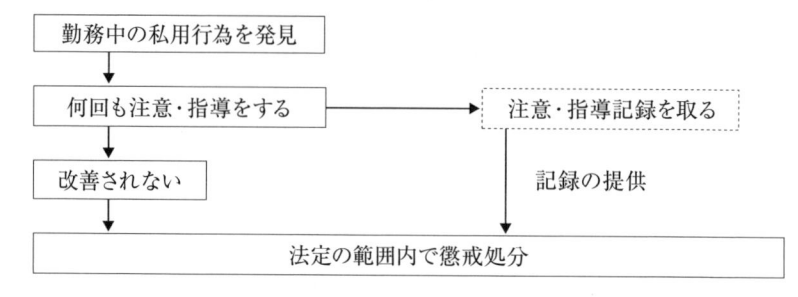

職員との対話実践編

勤務時間中に携帯電話をかける職員とのやりとり

矢野院長：中島さん，ちょっと話があるんだけど。中島さんは，勤務時間中によ
　　　　　く職場を離れて携帯電話をかけているみたいだけど，何か特別な事情
　　　　　でもあるの？

中島さん：いえ，特別っていうことではないんですが……実は彼氏ができまして。
　　　　　彼氏が自分の会社の休憩時間に，電話をかけてくるんです。

矢野院長：そういうことだったのか。でも，彼氏は休憩時間かもしれないが，中
　　　　　島さんは勤務時間だよ。

中島さん：大変申し訳ありません。

矢野院長：勤務時間に職務に専念しないのは，就業規則でいう服務規律違反にあ
　　　　　たってしまうんだよ。勤務時間中，職員は職務を誠実に行う義務とい
　　　　　うものがあるんだ。

中島さん：はい。

矢野院長：それと，クリニックのメンバーが君のことをどうみていると思う？
　　　　　真面目に働いている職員からみたら中島さんはどう映るかな？

中島さん：真面目に仕事している人からみたら，いい気分はしないと思います。

矢野院長：そうだよね。中島さんは，うちのクリニックではムードメーカーだけ
　　　　　ど，このままでは，クリニック内の雰囲気を壊してしまうね。

中島さん：院長，大変すみませんでした。以後気をつけます。彼氏にもしっかり
　　　　　教育をしておきます。

矢野院長：わかってくれればいいんだ。中島さん自身とクリニック全体のために
　　　　　気をつけてくれればいいんだよ。どうしても電話したいんであれば，
　　　　　こちらも休憩時間のときに所定の場所でね。

中島さん：はい。わかりました。

2　終業時刻を過ぎても退勤しない職員への指導

Q2

終業時刻を過ぎても，いつまでもクリニックに残っている職員がいます。仕事をしているときもあるので，注意してよいか迷います。

A2

　職員がクリニックに残る理由を確認し，仕事以外の理由なら早く退勤するように毎回促すことが必要です。仕事をするためなら，その日にしなければならない内容かを確認してください。決して黙認しないことが重要です。

【解説】

(1)　仕事で残っている場合には緊急度を確認する

　職員が仕事でクリニックに残っている場合には，その日にしなければならない仕事なのかどうか，仕事の緊急度を確認してください。

仕事の緊急度が高い場合

　終業時刻を過ぎても仕事をしている理由としては，突発的に発生した場合や，勤務時間内には別の理由があり，その仕事ができなかった場合などがあります。どうしても今日残業を行わなければならない場合は，その仕事を残業と認めざるを得ないでしょう。

　残業を行わせる一般的な方法は，「①院長が残業命令を出す場合」と「②本人から事前に残業の申請をさせて院長が残業を承認する場合」があります。設問では，職員が②の事前申請を行わず残業しているわけですから，事前に残業申請を行い院長の承認を得たうえで残業するように，指導してください。

仕事の緊急度が低い場合

　残業をしている理由について，「勤務時間だけでなく余裕をもってやりたい」

| 専門家との連携度 | レベル1 | レベル2 | レベル3 | レベル4 |

"ダラダラ残業"をまん延させないよう，その場で指導・教育してください。

という，本人の希望で残業をしている場合も多くあります。このような残業を数回認めてしまうと，"ダラダラ残業"が日常的に発生してしまう結果となります。緊急度や必要性が低い残業については認めず，仕事は勤務時間で効率よく行うことを理解させ，必要がなければ早く退勤するように指導してください。

(2)　理由なく残っている場合には，すみやかに退勤させる

　終業時刻以降にプライベートの予定があり，その予定時刻まで時間を潰していることがあります。また，本人に仕事がないにもかかわらず，先輩や同僚が残っているから帰らないという事例もあります。仕事をしている様子もなく終業時刻以降残っている場合は，すみやかに退勤するように指導してください。仕事をしている様子があっても，その理由がプライベートの予定時刻までの時間調整である場合は，その仕事をしている時間は，院長が命令した残業でないこと，または職員の事前申請による院長が認めた残業ではないことを伝え，仕事を打ち切って退勤するように促す必要があります。

(3)　故意に残業代を請求する職員が出る

　設問にあるような状況を黙認し続けていると，残業の必要性や仕事の密度にかかわらず，終業時刻から退勤までの時間に対して，残業代を請求できるという認識を職員に植えつけてしまいます。就業時間内で十分に完了できる仕事であっても，効率よく仕事を行うという意識は失われ，さらに作業効率が下がり，その結果，残業代が膨れ上がっていくというリスクがあります。また，人件費だけでなく水道光熱費などの経費も増えてしまいます。

(4)　過去にさかのぼって残業代を請求される

　「普段は残業代を請求しない職員だから，残業していてもこれまで問題にし

ていなかった」という話を聞くことがあります。確かに，人間関係が良好な場合や，本人が現在の給与に不満がない場合は，問題が表面化しないこともあります。しかし，何かのきっかけで，人間関係がこじれてしまったり，給与に対して不満を持ちはじめると，過去に行った時間外労働に対する残業代を，さかのぼって請求されるリスクが非常に高くなります。賃金の請求権は2年です。過去の未払いの残業代は請求されると，最大2年前までさかのぼって支払わなければなりません（労働基準法第115条）。

　また，残業代請求で問題となるのが，タイムカードに記録された時間が，勤務していた時間と同じかどうか，ということです。タイムカードに記録された時間が実際に勤務していた時間かどうか疑わしい場合は，毎日あるいは一定期間ごとに，実際の勤務開始時刻から終了時刻と，実勤務時間について，本人と相違がないように照合確認する必要があります。確認後は，本人の承認印を求めることが望ましいでしょう。

　残業代請求は起こりやすいトラブルですから，院長は，勤務時間とはどのような時間のことをいうのか，まず自分自身が理解し，職員へも説明しなければなりません。

　また，職員の健康を考慮し，不必要な残業はさせない，承認のない残業は行ってはならないことを，日ごろより指導を徹底することが重要です。

1 POINT　ワンポイント解説　◆◇勤務時間とは◇◆

　勤務時間とは，院内にいる時間ではなく，次の時間のことをいいます。勤務時間の管理は，院長の最も重要な人事労務管理項目です。

【勤務時間】
①院内または管理監督者のもとで指揮監督下にある時間
②院長または管理監督者の明示ないし黙示の指示によりその業務に従事する時間

　原則としては，片付けや着替え等の時間も含まれます。

職員との対話実践編

終業時刻を過ぎてもクリニックに残っている職員とのやりとり

近藤院長：いつも定時を過ぎてもクリニックに残っているようだけど，何か仕事で困っていることがあるの？

上田さん：いえ，特に仕事で困っていることはないんですが，自分の仕事でやり残したことや，いろいろ考えることもありまして……

近藤院長：そうか。仕事でやり残したことや，いろいろ考えることがあるんだね。よかったら，具体的に話してもらえないだろうか。

上田さん：いえ，些細なことですので，大丈夫です。

近藤院長：そうは思わないけど。仕事で定時を過ぎていつも上田さんがクリニック内に残っているのは，院長である自分の仕事の与え方や指示の仕方に，問題があると思うんだ。それと，もっと大事なのは，定時になったらなるべく早く仕事を終えてもらって，上田さんのプライベートの時間を大切にして欲しいんだ。仕事もプライベートも充実させなきゃ。就業規則の服務規律に「業務終了後はすみやかに退勤すること」と書いてあるのも，そういう意味があるんだよ。

上田さん：いえ，院長の仕事の与え方が悪いわけではありません。

近藤院長：仕事の緊急度やどうしても今日やらないと患者さんに迷惑がかかるということであれば，それは仕事として気兼ねなく，残業の申請をしてもらえればいいんだよ。それは立派に，クリニックに貢献することになるんだから。

上田さん：は…，はい。

近藤院長：一度，どうしたら上田さんが早く退勤できるか，3 日後に私に提案してもらえないか。一緒に考えてみよう。いくらでも上田さんのためにサポートするよ。

上田さん：はい，院長。よろしくお願いします。

 3 残業代の規制について聞いてきた職員への対応

Q_3

「残業時間が規制されると聞いたのですが，うちの病院にも関係があるのでしょうか？」と職員から聞かれました。法定での内容はどうなっているのでしょうか？

A_3

平成31（2019）年4月より，残業時間の上限規制が始まりました。大企業から義務化され，中小企業は令和2（2020）年4月より実施されます。クリニックは中小企業に該当します。50％割増となるのは，月60時間を超える残業を行った場合です。職員に法改正の内容とその主旨を説明し，残業に対する認識をしっかりもたせてください。

【解説】

(1) 時間外労働に，罰則付きの上限が設けられる

今回の働き方改革推進法の成立により，時間外および休日労働に関する協定（３６協定）で定める時間外労働に，罰則付きの上限が設けられました。大企業は平成31（2019）年4月，中小企業は令和2（2020）年4月より実施されます。臨時的な特別の事情がなければ，月45時間・年360時間を超えることはできません。臨時的な特別の事情があり労使が合意する場合であっても，①年720時間以内，②複数月平均80時間以内（休日労働を含む），③単月100時間未満（休日労働を含む）が限度になります。また，原則である月45時間を超えることができるのは，年間6か月までです。

ただし，医師については，5年間猶予されており，令和6（2024）年4月より，上限規制が適用される予定です。

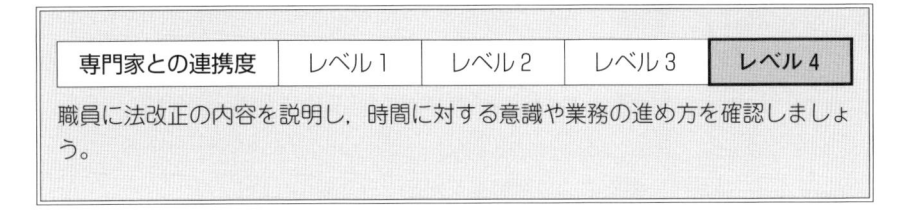

専門家との連携度	レベル1	レベル2	レベル3	**レベル4**

職員に法改正の内容を説明し，時間に対する意識や業務の進め方を確認しましょう。

図表 4-2 ▶ 残業時間の上限規制

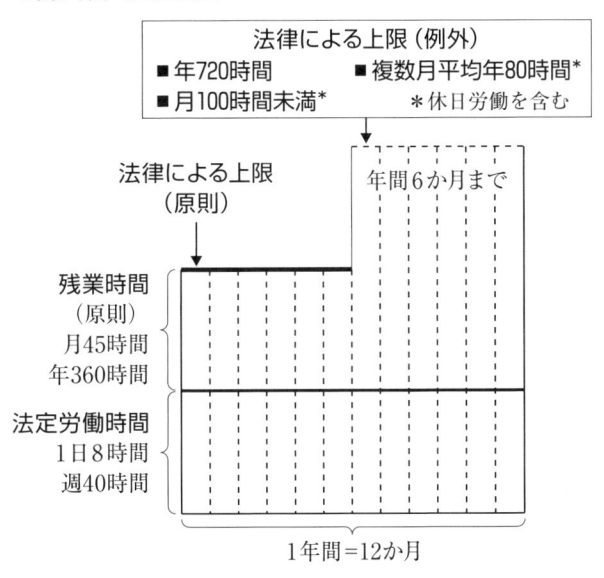

(2) 中小企業の猶予措置が廃止される

　平成22（2010）年4月，月60時間を超える残業については，これまでの25％から50％へ割増率が引き上げられましたが，中小企業に対しては実施が猶予されていました。しかし，働き方改革推進法の成立により，令和5（2023）年4月1日以後は，この猶予措置が廃止されます。

　割増率が50％となるのは，月60時間を超える残業時間からであり，60時間以内の残業については，従来どおり25％の割増率となります。なお，月45時間から60時間の間の残業時間については，企業規模にかかわらず，25％を超える率

を定めるよう，努力義務とされています。

　また，労使協定により，割増賃金の代わりの代替休暇という制度を設けることもできます。詳細は専門家または労働基準監督署にご確認ください。

図表4-3 ▶ 残業代の割増率50％が猶予される中小企業
（いずれか一方を満たしていれば中小企業となる）

業　種	資本金または出資の総額		常時使用する労働者数
小売業	5,000万円以下	または	50人以下
サービス業	5,000万円以下	または	100人以下
卸売業	1億円以下	または	100人以下
上記以外	3億円以下	または	300人以下

図表4-4 ▶ 大企業と中小企業の残業割増率

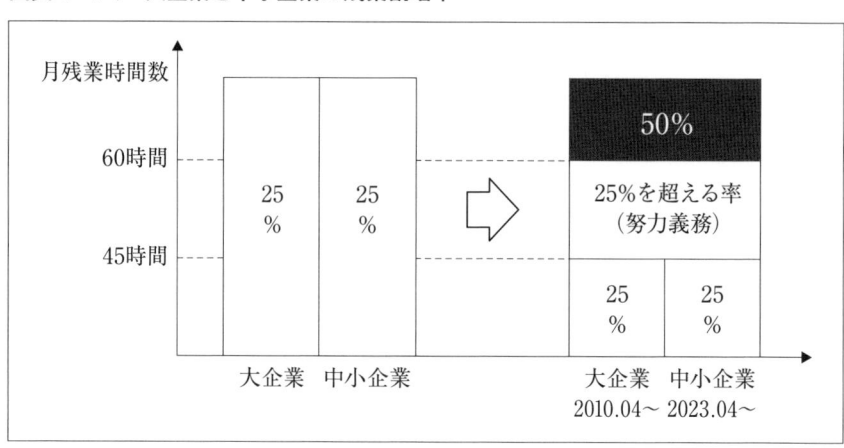

⑶ これまで以上に徹底した残業管理が求められる

　この改正により，月60時間を超える部分の残業が50％割増となります。このことは，残業が多い病院やクリニックにとっては，大きな人件費の増加となる

ことは間違いありません。

　院長には，職員に残業を命じるときも，職員からの申告により残業を認める
ときも，その残業が本当に必要かどうかをそのつど見極め，これまで以上に勤
務時間内で効率よく仕事を行わせることが求められます。

　また，職員は，単純に残業代が増え，給料がたくさんもらえるのではという
期待や勘違いをしているかもしれません。今回の法律の改正は，企業が残業時
間を減らし，仕事と生活の調和を図るために行われたことを，しっかり説明し
てください。

 ワンポイント解説　◆◇残業させるための要件◇◆

　法定の労働時間を超えて労働させる場合，または，法定の休日に労働させる場
合には，あらかじめ労使で書面による「時間外および休日労働に関する協定」を
締結し，これを所轄労働基準監督署長に届け出ることが必要です。この協定のこ
とは労働基準法第36条に規定されていることから，通称「36（サブロク）協定」
といいます。

職員との対話実践編

残業代について聞いてきた職員とのやりとり

伊藤さん：先生，残業時間の規制が始まったんですか？

矢野院長：平成31年4月からスタートしているよ。残業時間の上限が月45時間・年360時間になるんだ。ただし，中小企業は1年後の令和2年4月から実施されるよ。

伊藤さん：そうなんですね。今は残業時間が多い日もありますから，業務を見直したり，みんなで協力して残業を少なくするように工夫する必要がありますね。

矢野院長：そうだね。今回の改正を上手に活用して，みんなのワーク・ライフバランスが実現できるクリニックをつくっていきたいと考えているよ。

伊藤さん：ワーク・ライフバランスって何ですか？

矢野院長：仕事と生活の調和だよ。これからは仕事に偏り過ぎず，家庭や私生活とのバランスを取っていかないとね。そこで，伊藤さんに頼みたいことがあるんだが，クリニックの業務効率化とワーク・ライフバランスという観点で，忙しい時期の勤務時間の削減や仕事の仕方について考えてもらえないか。

伊藤さん：わかりました。みんなのためになるなら，やってみます。

採用面接

1 採用面接に職員を同席させることは問題ないか

Q1

採用面接のときに，職員も同席させて応募者の評価を一緒にしたいのですが，何か問題はありますか？

A1

　問題はありません。ただし，職員に同席してもらうタイミングに留意してください。また，採用を最終的に決定するのは院長であるということを，あらかじめ明確にしておいてください。

【解説】

(1) 職員を採用面接に同席させるのは好ましい

　採用面接を，院長が職場のリーダー的職員と一緒になって行うのは望ましいことです。この設問では，院長がリーダー的職員に採用面接の場に入ってもらい，参考意見を聴きたいということです。

　クリニックは限られた人員で業務を行っており，毎日同僚と顔を合わせます。また，人事異動もほとんどありません。したがって，応募者が診療現場の仲間として受け入れられ，現場の仕事に適性があるかどうかを確認するためには，現場で働く職員の感覚や評価は大変参考になります。職員を採用面接に同席させるメリットは，次のようなものがあります。

> **職員が採用面接に同席するメリット**
> ① 診療現場の風土や仕事にマッチした人材を採用できる
> ② 職員に，採用にかかわったという責任感をもってもらえる（責任を持って育成をしてもらえる）
> ③ 診療現場重視の姿勢が伝わり職員との信頼関係が構築しやすい
> ④ 応募者は実際に現場で働いている職員の声を聞くことができ，より自分とクリニックの相性を知ることができる

(2) 職員を採用面接に同席させるタイミングが重要になる

　採用面接に職員を同席させる場合にはそのタイミングが重要となります。通常，一般からの採用選考回数は2回程度になります。職員を面接に同席させる場合には，二次面接が適切です。その理由は，一次試験（面接含む）合格者であれば，すでに採用する意向があるため，職員は安心して面接に同席することができるからです。また，応募者側は，一次試験の好感触で就職する意志を固めたうえで職員と面接でき，より積極的に質問をすることができます。

　二次面接では，応募者から職員に遠慮なくクリニックのことを質問してもらい，その後職員から応募者へ質問してもらうかたちがよいでしょう。

　二次面接の結果，職員の応募者に対する評価を十分に聞いたうえで，院長が応募者の合否を決定することになります。

(3) 職員を採用面接に同席させる場合には留意することがある

　採用面接に職員を同席させる場合には，次のような点について留意する必要があります。

専門家との連携度	レベル1	レベル2	レベル3	レベル4

職員と緊密にコミュニケーションを取り，一緒に準備などを行いながら，面接に同席させてください。

職員を採用面接に同席させる場合の留意点

① 面接同席者は現場のリーダー的職員とする

② 応募者に圧迫感を与えないようにするため同席者は2名までとする

③ あらかじめ面接者の面接訓練（聴く姿勢や質問内容の検討）をする

④ 職員に同席してもらった目的は，良い人材を採用するために診療現場の意見を参考にしたいということを職員に伝える

 ワンポイント解説 ◆◇良い人材の見極めポイント◇◆

　わずかな面接時間で，応募者が良い人材であるかどうかを見極めることはとても難しいことです。しかしながら，以下のような良い人材を見極めるポイントがあります。参考にしてください。

【良い人材の見極めポイント】

① 服装は常識的で，面接会場での入室から退室までのビジネスマナーができている。特に座る姿勢は背筋がピンと伸びている

② 質問者の顔を見て，話を落ち着いて聴いている

③ 聞かれた質問に対して簡潔かつ的を射た回答をしている

④ 質問に対する回答は自分の言葉（自分自身の考え，実際の行動やエピソード）で語られている

⑤ なぜ，医療機関・当クリニックで働きたいか。志望動機が明確である。「収入・利益がよい」「将来性がある」「社会貢献がしたい」などの一般論ではない回答をしている

⑷　面接する側も応募者にしっかり選ばれている

　応募者は自分や家族の将来を就職先に託すわけですから，しっかり選ぶ意識で面接に臨んできます。したがって，クリニックとしても良い人材（応募者）にクリニックを選んでもらうという意識と姿勢をもつことが必要です。

　クリニックを選んでもらうためには，クリニックの理念（明文化されていない場合は，院長の診療に対する考え方など）やビジョンを説明し，それを診療現場で実践していることを応募者に示すことが大変有効です。理念なきクリニックは，これからは良い人材には選ばれないということを真剣に考えないといけません。

　また，良い人材と考えられる応募者は，職員の挨拶や 5S（整理，整頓，清掃，清潔，躾^{しつけ}）について，しっかり観察しているものです。

　院長がクリニックの理念を語ることができ，普段からの明るい挨拶や 5S を実践することが，採用にも影響してくることになります。

職員との対話実践編

面接に同席させたい職員とのやりとり

近藤院長：今村さん，今度職員を1人採用しようと思っているんだ。そこで，君にお願いがあるんだけど。

今村さん：何でしょうか？

近藤院長：実は，リーダー的立場の今村さんに，採用面接の面接官をして欲しいんだ。

今村さん：えっ，私が採用面接するんですか。そんなことしたことありませんし，面接ってどうすればいいかわかりません。それはちょっと……。

近藤院長：もちろん，採用を最終的に決定するのはクリニックだよ。ただ，同じ職場で働く仲間を採用するのに，君の意見を聴きたいと思って。

今村さん：どうすればいいんですか？

近藤院長：書類選考に合格した応募者に，面接で会って欲しいんだ。応募者の質問に現場サイドから率直に答えてもらえばいいよ。それと，今村さんのほうからもいくつか質問をして欲しいな。一緒に働く仲間として，チームワークをもって職場に馴染めそうなのか，うちで働くスキルはあるのかについて確認してもらえないか。

今村さん：はい，わかりました。そういうことでしたら，喜んでさせていただきます。同じ仲間として気持ちよく働きたいですからね。

近藤院長：ありがとう。今村さんの他にももう1人。職場のだれかを同席させてもいいよ。

今村さん：はい，それでは若手のホープ鈴木さんにお願いしてみます。

近藤院長：それはいいね。面接は2週間後だけど，その前に基本的な面接のマナーについて勉強してもらおうか。応募者もクリニックを逆に品定めしているからな。こちらも面接されているってことだよ。

今村さん：はい，よろしくお願いします。クリニックの代表として恥ずかしくない面接にしたいと思います。

2　採用面接時のメンタルな病歴確認

Q2

採用面接で，過去にメンタルな病気にかかったことがあるかどうかを聞いて
もよいのでしょうか？

A2

　採用面接時に病気の状況を聞くこと自体は，法律で禁止されているわけで
はありませんが，慎重さを要する内容です。病名そのものに焦点をあてるの
でなく，「業務に支障をきたすかどうか」という観点で確認をとるようにし
てください。

【解説】

(1)　事業所には採用の自由がある

　そもそも事業所には「採用の自由」があります。したがって，どのような人
と労働契約を締結するのかは，法律で制限のない限り自由となります。事業所
の「採用の自由」が強調された判例として，「三菱樹脂事件（最高裁昭和48年
12月12日）」があります。判例では，「企業者は，（中略）契約締結の自由を有
し，自己の営業のために労働者を雇傭するにあたり，いかなる者を雇い入れる
か，いかなる条件でこれを雇うかについて，法律その他による特別の制限がな
い限り，原則として自由にこれを決定することができる」としたうえで，「企
業者が，労働者の採否決定にあたり，労働者の思想，信条を調査し，そのため
その者からこれに関連する事項についての申告を求めることも，これを法律上
禁止された違法行為とすべき理由はない。」として，事業所が応募者の広範な
情報を取得することは許されるとしています。

　ただし，これは特別な職業上の必要性がある場合や業務の目的の達成に必要
不可欠であって，収集目的を示して，本人から収集する場合に限られるものと
されます。近年では，法律（指針）により，応募者の情報取得には制約が設け

専門家との連携度	レベル1	レベル2	レベル3	レベル4

病歴など慎重を要する質問項目は，専門家等に確認をしたうえで実施してください。

られ，差別の原因となるおそれのある「採用の自由」は制限される傾向にありますので，注意が必要です。

(2)　採用面接時に聞いてはいけない項目を押さえる

　応募者に対する情報取得に制限が設けられている項目は，次のとおりです。採用面接時には，次の事項について面接では聞かないように注意してください。

面接で聞いてはいけない事項

① 　人種，民族，社会的身分，門地，本籍，出生地その他社会的差別の原因となるおそれのある事項

② 　思想および信条（生活信条・支持政党・購読新聞など）

③ 　労働組合への加入状況

「職業安定法の指針（平成16年厚生労働省告示第391号）」より

　また，「男女雇用機会均等法の指針（平成18年厚生労働省告示614号）」では，女性の応募者についてのみ，「結婚の予定の有無」や「子どもが生まれた場合に働き続けるかどうか」などの質問をしてはならないとしています。

　職業安定法と均等法の指針において，上記に掲げる項目について質問をしてはいけないとしているのは，本人に責任のない事項，または本来個人の自由であるべきものとの理由からです。したがって，これらの項目についても，面接で質問をしないようにしてください。

(3)　応募者の健康状況の確認はアンケートを作成する

　前述の職業安定法と男女雇用機会均等法の指針の中には，病歴についての質問項目は含まれません。しかし，病歴というのは慎重を要する内容ですので，

病名のみを聞き出し，採用の判断基準とすることは，応募者へ差別や偏見を与えかねない行為で危険です。すでに治っている病気なのか，現在も治療中であるのかでも状況は異なりますので，病名だけでなく，「業務に支障をきたすかどうか」という観点で，応募者の健康状況の確認を行うようにしてください。

　健康状況，特に病歴の確認は，応募者に直接口頭で尋ねることは抵抗があるかと思いますので，病歴，治癒状況，業務への支障度合いなどが確認できるアンケートを作成し，そこに記入してもらうことも１つの方法です。

　万が一，応募者が，病歴と業務への支障度合いなどについてアンケートの記入を偽ったり，隠していた場合でも，就職後本人が雇用契約どおりに働くことができないときには，その病気を偽ったり，隠していたことを，懲戒事由として判断することもできますので，アンケートをとることには意義があります。

⑷　メンタルな病気の確認は細心の注意を払う

　面接者が応募者の健康状況を確認する際には，病気に対する思い込みや偏見を持ちながら行ってはいけません。メンタルな病気や感染症などの誤解が多くみられる病名の記載がアンケートの回答などにあった場合には，特に注意を払う必要があります。面接者が，記載された病歴の聴き取りをするときには，少なくともその病気に対する正確な知識を持つことが大切です。面接者の思い込みや偏見で，安易な聴き取りを行い，応募者に対して不快感を与えてしまわないように注意が必要です。

　メンタルな病気は，一般的に治療が長引く傾向にあり，再発しやすいともいわれていますが，「治癒しているのか」「業務に支障はないのか」という観点で，実際に「聴き取りする項目」に問題がないか，あらかじめ専門家に確認をしたうえで，面接をするようにしてください。

職員との対話実践編

面接時にメンタルな病歴確認をする職員とのやりとり

松田さん：矢野院長，今度の職員を採用するにあたり，面接官をやらせてもらう
　　　　　ことになりましたが，少し確認したいことがあります。

矢野院長：ああ，そうだったね。クリニックを代表してしっかりいい人材を採用
　　　　　してね。ところで，確認って何かな？

松田さん：面接のときに，過去にメンタルな病気になったことがあるか聞いても
　　　　　いいんでしょうか？　私の友人のクリニックで，うつ病を発症した職
　　　　　員がいまして，職場の同僚が大変な苦労をしたと聞いたものですから。

矢野院長：そうなのか。病歴や病気の状態を聞くこと自体は，法律には触れない
　　　　　んだけど，細心の注意を要することだね。

松田さん：どうしたらいいですか？

矢野院長：そうだな。こうしようか。言葉での質問に代えて，面接の前にアン
　　　　　ケートに記入・申告してもらう。

松田さん：それはいい方法ですね，お互いにとって。でも，どんなアンケート項
　　　　　目にするんですか？

矢野院長：うん，アンケート項目には病歴，治癒状況，業務への支障度合いを申
　　　　　告してもらうようにしよう。

松田さん：はい，さっそくアンケート用紙を作成します。面接の前に時間をとっ
　　　　　て書いてもらうようにします。

矢野院長：それがいいね。もし，病歴があった場合は，病名だけで判断してはい
　　　　　けないよ。しっかり，治癒状況と業務への支障があるかないかについ
　　　　　て，面接で聞いて欲しいな。

松田さん：わかりました。応募者に失礼のないように，細心の注意をもって面接
　　　　　に臨みます。

健康管理

 1　うつ病の疑いがある職員への対応

Q1

最近職員の言動がおかしく，うつ病のような気がします。院長の私が病院に行くことを勧めたり，休職について話をしてもよいのでしょうか？

A1

　　職員と話をする機会を設け，心身の状況について確認してください。うつ病の疑いがあると思うときは，本人の承諾を得たうえで専門家などに連絡をとり，トラブルにならないよう対応してください。

【解説】

(1)　職員のうつ病を早期発見し今後の勤務態勢につなげる

　いつも真面目に出勤していた職員に，遅刻や欠勤が目立つようになるなど，これまでになかった行動が見られるようになったときは，いつもと違う職員の様子に細心の注意を向けるようにしてください。

　職員が「寝れない」「イライラする」と口にしたり，「〜できません」「どう

せ私は〜」など，マイナス思考の言葉が伴う場合は，うつ病の可能性が考えられます。そのような場合は，職員の承諾を得て，専門医などに診てもらってください。

　職員のうつ状態の対応は，専門医などの指示を仰ぎ，常に連携を取ることが重要です。院長が1人で抱え込むことは，決してしないようにしてください。

　「いつもと違う」と判断する職員の様子には，次のようなものがあります。

いつもと違う職員の様子

○遅刻，早退，欠勤が増える

○休みの連絡がない（無断欠勤がある）

○残業，休日出勤が不釣合いに増える

○仕事の能率が悪くなる。思考力・判断力が低下する。

○業務の結果がなかなかでてこない

○表情や動作にも元気がない

○不自然な言動が目立つ

○ミスや事故が目立つ

○服装が乱れたり，衣服が不潔であったりする

○報告相談，職場での会話がなくなる

資料出所：厚生労働省「職場における心の健康づくり」パンフレットより

　「いつもと違う」職員の様子にいち早く気づくためには，日ごろから職員に関心をもち，職員の性格・特性をきちんと把握しておくことが必要です。そして，いつでも院長に相談しやすい雰囲気づくりをしておくことが求められます。職員の異変に気づいたとしても，職員との信頼関係が築けていなければ，職員は何も話してくれません。院長は，職員の変化に気づくという重大な役割を担っています。職員のメンタルヘルス対策は，院長がキーパーソンとなります。

(2)　休職の適用について制度的な確認を取る

　うつ病の疑いのある職員に対して，安易に「休職して休養したら」などと話をしてはいけません。休職を適用するかどうかは，慎重に準備してから決定する必要があります。

　休職は，法律で決まっているものではなく，クリニックが任意に設ける制度

専門家との連携度	レベル1	レベル2	レベル3	レベル4

病院受診や休職制度の適用は，専門家等に相談し，対応してください。

です。クリニックが休職制度を設ける場合には，「休職となる事案」「期間」「復職の判断基準」などの詳細を，独自に就業規則で定める必要があります。特に，「休職中の社会保険料」については，職員からどのように徴収するか，休み始める前に職員本人と話し合っておくのが望ましいでしょう。

　また，一般的にこうした治療は長期に及びます。だからといって，いつまでも休まれてしまっては，社会保険料や代替人員の確保等，クリニックとしては負担が増えてしまいます。一定の休職期間が経過しても復帰できない場合には，「自然退職」とするような規定も先に決めておくとよいでしょう。

　院長としては就業規則に基づいて，医師の診断書や意見，家族からの情報，職場の状況などを総合的に判断したうえで，休職させるかどうかを決定することになります。

　職員から「○か月の休養を要する」という医師の診断書が提出された場合は，自動的に休職が適用されるとの誤解がありますが，休職を適用するか否かの最終判断は院長にあります。具体的な判断基準がない段階で，安易に職員に休職の話をしないようにしてください。

ワンポイント解説 ◆◇うつ病の主な症状◇◆

　気分の落ち込み，無気力感，食欲低下，不眠などが，2週間以上続いていて苦痛を感じている，生活に支障をきたしている場合は，うつ病の可能性が疑われます。以下はうつ病の主な症状です。

【うつ病の主な症状】

こころの不調	からだの不調
【感情面】 抑うつ気分，絶望感，自責感，イライラ感，自殺願望	不眠，全身の倦怠感，頭痛，耳鳴り，めまい，吐き気，味覚異常，食欲不振，腹痛，便秘・下痢，性欲減退
【意欲面】 やる気が出ない，集中力・行動力・判断力の低下，記憶力の低下，興味・関心がなくなる	

　資料出所：始めよう！ココロの健康づくり　(社)名古屋市医師会

職員との対話実践編

うつ病の疑いのある職員とのやりとり

矢野院長：奥村さん，身体の調子はどう？　まぶたが少し腫れてるみたいだけど，寝不足なの？

奥村さん：はい……。ちょっと最近眠れなくて……。

矢野院長：そうなんだ，それは辛いね。いつ頃から眠れないの？

奥村さん：ずっと前からそういう日はあったんですけど，この3週間ぐらいはひどくて……。

矢野院長：何か心配なことでもあるの？　仕事のことかな？

奥村さん：よくわからないんです。でも……，実は，もともと鈴木さんとは仕事の事務的な話以外はしないんですけど，2か月ぐらい前からは，仕事で必要なことも教えてもらえてなくて，聞いても答えてくれないんです……。

矢野院長：そうだったんだ，気づかなかったよ。申し訳ない。仕事していくうえで最低限のコミュニケーションは必要だよね。僕からも鈴木さんには注意しておくから

奥村さん：それはやめてください。私が院長に言いつけたと思われてしまいます。鈴木さんは私が居なくなればいいと思っています。この前も，「やめたら？」と言われましたし，きっと他の方たちもそう思っています。最近は家に帰っても何もする気がしないし，毎日クリニックに来るのがつらいんです。鈴木さんと一緒のシフトの日はお腹も痛くて……（涙）。

矢野院長：そうか，今までひとりで我慢していたんだね。奥村さんが寝不足になったりクリニックに来たくなくなるほどつらかったんだね。一度，鈴木さんとは重ならないようにシフトを組んでみるから，それで少し様子を見てみるのはどうだろう。それでまた後日話を聞かせてくれないかな。

奥村さん：……はい。

《後日》

奥村さん：院長，やっぱり眠れない日が続いて，先日心療内科を受診してきました。それで，しばらく仕事を休んでみたらどうかと言われたのですが……。

矢野院長：そうだったんだ。山田さんが希望するのであれば休職しても構わないよ。

奥村さん：はい，しばらく休職させていただきます……

矢野院長：では，休職期間など詳しいことについて説明させてもらいたいんだけど，今，時間いいかな？

奥村さん：はい，大丈夫です……

矢野院長：（就業規則に基づいて説明をした後で）では，一度クリニックのことは忘れて，ゆっくり休んでくださいね。

2　定期健康診断の受診を拒否する職員への対応

*Q*2

毎年定期健康診断を受けない職員がいます。本人がどうしても受けたくないという場合は，そのままにしても問題ないでしょうか？

*A*2

　定期健康診断の実施義務は事業主にあるため，職員が拒否していても受診させなければなりません。再三の受診命令をしても受診しない場合は，懲戒処分となる場合があることを伝え，受診を徹底してください。

【解説】

(1)　定期健康診断の法的な位置づけを理解する

　定期健康診断の実施は，事業主に義務づけられています。職員は，クリニックが実施する定期健康診断を受けなければならない義務があります。院内で実施できない項目があれば，医師会の健診センター等を利用するとよいでしょう。

　クリニックが実施する定期健康診断を本人が拒む場合は，他の医療機関などで受診した健康診断結果を提出してもらうようにしなければなりません（労働安全衛生法第66条）。

　クリニックに定期健康診断の実施が義務づけられている以上，職員が受診を拒否するからという理由で，その後受診命令を出さずに放置していると，クリニックには，次のようなリスクが発生する可能性があります。したがって，院長は定期健康診断については法的に，「クリニックには実施義務」「職員には受診義務」があるということを理解しておく必要があります。

専門家との連携度	レベル1	レベル2	レベル3	レベル4

職員が健診を受診しない場合は，話し合いの場を設けて対応してください。

受診命令を出さない場合のリスク

① 50万円以下の罰金を科せられることがある

② 職員が仕事に支障をきたしているにもかかわらず，対処を先延ばしにして職員の健康状況が悪化した場合には，安全配慮義務違反を問われることがある（労働安全衛生法第66条，第120条，労働契約法第5条）。

 ワンポイント解説　◆◇安全配慮義務◇◆

　使用者が労働者に対して負う義務の1つで，職員を雇い入れた事業主は，対価として報酬を支払う義務を負うのみならず，職員の生命身体が安全に保たれるよう配慮しなければならないというものです（労働契約法第5条）。

　具体的には，クリニックが職員に業務を遂行してもらうために設置すべき場所，施設，または器具等の設置への配慮，または職員の生命・身体・健康等について，危険から保護するように配慮をする義務があります。

(2)　健康診断を拒否すると，職員は業務命令違反に問われる

　健康診断の受診拒否で争った判例として，「愛知県教育委員会事件・名古屋高裁平成9年7月25日」があります。放射線暴露の危険性を理由に，胸部X線検査の受診命令を拒否した市立中学校教員に対する学校側の減給処分を，有効としています。その理由は，結核予防法と労働安全衛生法の規定からみて，学校教職員はX線検査の受診義務を負うものであり，学校における集団感染を防止するために検査の必要性があると判断されたためです。また，X線検査の受診拒否は法令違反だけでなく，職務命令服従義務違反，職務専念義務違反にも該当するとしています。

　この判例で示されているように，職員が定期健康診断の受診を拒否し，クリニックからの再三の受診命令にもかかわらず，職員が拒否する場合には，業務命令違反として懲戒処分の対象となり得ます。

(3)　日ごろから職員の健康状態を観察する

　院長は，クリニックには職場の安全配慮義務が課せられていることを認識し，職員の健康状態については，日ごろから目を配るようにしなければなりません。

　健康診断を受診しない職員について，先に述べた定期健康診断の法的な位置づけ，判例などを踏まえて，職員に，「クリニックは定期健康診断を実施する義務があり，職員が定期健康診断を拒んだ場合でも，クリニックの責任が問われること」を説明します。また逆に，「クリニックの定期健康診断を受けることは職員の義務であり，その定期健康診断の受診命令に従わなければ，業務命令違反として，懲戒処分の対象となる可能性があること」についても認識してもらいます。

　健康診断の結果，異常がある職員についての報告があり，日ごろの業務上での健康状態を観察するように指示された場合には，その職員について，特にどのような点に注意したらよいのか，しっかり確認をしてください。定期的に職員の健康状態を把握することも，忘れてはなりません。

(4)　異常所見者には特に注意を払う

　定期健康診断の結果，異常があると診断された職員について，必要がある場合には，勤務場所の変更，作業転換，勤務時間の短縮などの事後措置を講じなければなりません（労働安全衛生法第66条の4，第66条の5）。

　「京和タクシー事件・京都地裁昭和57年10月7日」では，健康診断で精密検査が必要であると結果が出ていたにもかかわらず，本人に通知せず，通常の運転業務を行わせ病状を悪化させたとして，会社への損害賠償請求を認めています。また，「空港グランドサービス 日航事件・東京地裁平成3年3月22日」でも，筋筋膜性腰痛の病気にかかった従業員について，嘱託医が作業軽減を会社に指示していたにもかかわらず，特段の措置を取らなかったとして，会社の安全配慮義務違反を認めています。

　このように，健康診断などで異常の所見が出ている労働者について，事業主は健康を悪化させないように注意することが求められます。

職員との対話実践編

定期健康診断の受診拒否をする職員とのやりとり

近藤院長：渡部さん，健康診断をまだ受けていないんだって？

渡部さん：健康診断は受ける気がありません。

近藤院長：そうか，受けたくないんだな。よかったら，理由を聞かせてもらえないかな。

渡部さん：忙しくて，時間がありませんからね。私はまだ若いし，病気なんてしませんよ。

近藤院長：確かに渡部さんは若いので，病気にかかる確率は，中高年の私なんかと比べると格段に低いよね。でも，医療従事者として，自分自身の健康管理にも気をつかってほしいと思うんだけどどうかな？

渡部さん：実は体重が気になってしまって……。

近藤院長：そういう理由があったのか，それは申し訳なかった。しかし健康診断は，クリニックが職員へ受けさせることが法律で義務づけられているんだ。職員が拒んだとしても，クリニックの責任になるんだ。そうなると，あのクリニックは健康診断を受けさせないひどいクリニックだって，世間からいわれかねないな。

渡部さん：いや，それは困りますけど。

近藤院長：でも，本当はね。渡部さんにとって健康診断は大切だと思うんだ。健康診断は毎年定期的に実施するから意味があるんだ。予防ということだね。体に変調をきたしてから，病院に行っていたんじゃ遅いと思うよ。むしろ健康な状態だからこそ，健康診断は受診するものじゃないかな。

渡部さん：そうかもしれませんね。

近藤院長：自分の体は自分でしか守れないよ。

渡部さん：クリニックや患者さんに迷惑をかけるところでした。明日にでも健康診断に行ってきます。

3　定期健康診断の再検査の費用負担

Q3

定期健康診断の結果，再検査の必要がある職員から費用の負担について聞かれました。クリニックが負担しなければならないのでしょうか？

A3

定期健康診断の費用はクリニックが負担しなければなりませんが，再検査の費用については，法律では一律にその負担を義務づけてはいません。院長としては，再検査費用の取扱いについて，専門家などと相談したうえで職員に説明をしてください。

【解説】

(1)　再検査費用の取扱いを明確にする

　定期健康診断の実施は事業主に義務づけられていますが，再検査の実施については，有害業務など一定の特殊健康診断の再検査を除き，法律で一律に義務づけられているわけではありません。

　したがって再検査の費用は，クリニックが負担する必要はありません。しかし，通達では，「再検査の受診は，疾病の早期発見や健康管理などの観点から，再検査の結果に基づく医師等の意見聴取を含め，労使が協議して定めることが望ましい」とされています（平成8.9.13基発第566号）。

　まずは，健康診断の再検査について，費用負担はクリニックか本人か，再検査の結果報告の取扱いなど，ルールを明確に決定したうえで，職員に説明をしてください。

(2)　定期健康診断の実施に条件がある場合は特に注意する

　定期健康診断は，クリニックが義務として実施しなければならないことは先に述べたとおりですが，定期健康診断の実施条件をクリニックが設けた場合，

専門家との連携度	レベル1	**レベル2**	レベル3	レベル4

再検査費用のルールについては，専門家等に相談をしたうえで対応を決定してください。

その費用の取扱いはどうなるのでしょうか。

　健康診断を実施する医療機関や時期などをクリニックが手配し，その指定された健診機関や時期に，正当な理由なくその受診を拒否した場合には，クリニックは費用を負担しないとしても法律上問題はありません。一定の条件を設けていた場合であっても，クリニックは定期健康診断の実施義務を果たしていることになるからです。

　したがって，院長としては定期健康診断の実施に条件を設けるかどうか，確認をしてください。条件外での健康診断費用については，職員の負担とした場合には，事前に職員に説明をしていないと，後でトラブルになる可能性があります。

図表6-1 ▶ 健康診断における費用負担の取扱い
（昭和47.9.18基発第602号，平成8.9.13基発第566号）

区　分	定期健康診断	再　検　査
健診費用	クリニック負担義務あり	クリニック負担義務なし ※労使協議が望ましい
勤務時間	給与支払義務なし ※労使協議するべきであるが， 給与を支払うことが望ましい	給与支払義務なし ※労使協議が望ましい
交 通 費	法の定めなし ※上記同様の取扱いが望ましい	法の定めなし ※上記同様の取扱いが望ましい

※有機溶剤中毒，鉛中毒等の有害業務等一定の特殊健康診断，再検査を除く

(3)　再検査が労災保険の適用となることがある

　クリニックが実施する労働安全衛生法の定期健康診断の結果により，次のすべての要件を満たす場合は，労災保険の給付の対象となります。労災保険の申請を行えば再検査の費用はかかりません。

> ### 労災保険の二次健康診断の給付要件
>
> 1．次の項目のすべてが異常の所見であること
>   ①血圧検査　　②血中脂質検査
>   ③血糖検査　　④腹囲の検査または BMI（肥満度）の測定
> 2．脳・心臓疾患の症状を有していないこと

　上記の給付要件を満たす場合は，一次健康診断の受診日から3か月以内に再検査を受けてください。給付を受けられる回数は，1年度内（4/1～翌年3/31）に1回のみとなります。

図表 6-2　▶　再検査の流れ

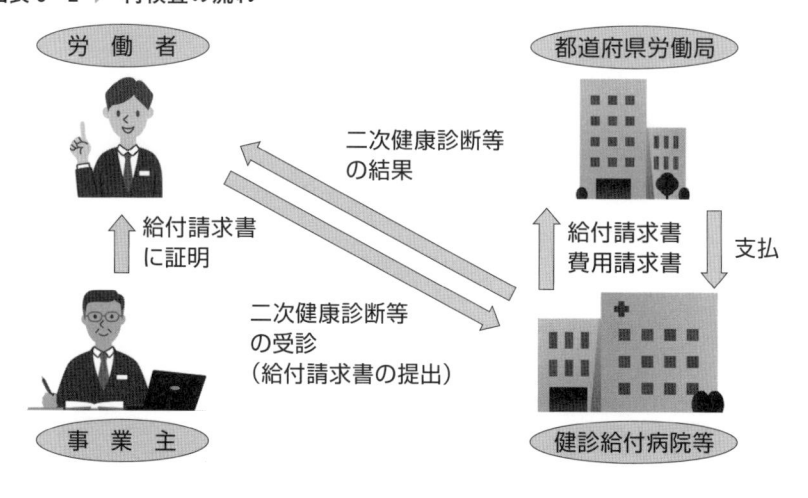

(4)　クリニックの健康診断の種類を把握する

　協会けんぽの生活習慣病予防健康診断や医師国民健康保険組合の健康診断を，クリニックが行う労働安全衛生法の定期健康診断に代えて実施することも可能です。

　定期健康診断は，健康保険の給付の対象となりませんが，一般的に，各健康保険者では，健康診断の受診費用の補助制度を設けています。また，労働安全衛生法の定期健康診断の項目より，プラスアルファの項目が設けられていることが特徴です。

労働安全衛生法の 事業主健診	健診項目数 ＜	○協会けんぽの生活習慣病予防健診 ○医師国民健康保険組合の健診

　協会けんぽの生活習慣病予防健康診断や健康保険組合が実施する健康診断を，クリニックの定期健康診断に代えて実施する場合は，費用はクリニックが負担することになりますが，労働安全衛生法の定期健康診断項目よりプラスアルファの項目があるため，クリニックの費用負担は全額なのか，または定期健康診断項目相当分なのか，事前に確認することが必要でしょう。

　また，事業主には，職員の健康診断の結果を確認，保管する義務があります。院長は健康診断の結果が，医療機関より直接職員本人宛に届く場合には，クリニックに健康診断の結果を提出させることを忘れないようにし，提出もれがないようにしてください。

ワンポイント解説　　◆◇協会けんぽ◇◆

　中小企業等で働く従業員やその家族が加入していた健康保険（政府管掌健康保険）は，従来，国（社会保険庁）で運営していましたが，平成20（2008）年10月1日，新たに全国健康保険協会が設立され，各都道府県ごとに支部を設け，協会が運営することとなりました。この協会が運営する健康保険の愛称を「協会けんぽ」といいます。

　医療機関で受診された場合の自己負担の割合や高額な医療費の場合の負担の限度額，傷病手当金などの現金給付の金額や要件など，健康保険の給付の内容は，協会設立後もこれまでと変わりません。

職員との対話実践編

再検査の費用負担が心配な職員とのやりとり

山崎さん：矢野院長，来週の金曜日に，再検査に行ってこようと思います。精密検査で時間がかかるということなので，仕事を1日休まなければならないのですが，よろしいでしょうか？

矢野院長：もちろん休んでいいよ。健康第一だから，しっかり診てもらってきてね。何もないといいけどね。

山崎さん：はい。では，1日迷惑をかけますが，よろしくお願いします。ところで，ご相談があるのですが……。

矢野院長：何かな，相談って。

山崎さん：申し上げにくいのですが，再検査の費用は自腹でしょうか。それともクリニックが費用を出してくれるんでしょうか。結構お金がかかるかもしれないし。

矢野院長：そうか，それは心配だね。法律上の取扱いは，私にもわからないな。私から社会保険労務士の先生に再検査の費用はクリニックが負担するものかどうか，相談してみるよ。

山崎さん：よろしくお願いします。

《社会保険労務士に確認後》

矢野院長：山崎さん，社会保険労務士の先生と相談した結果，再検査の費用は，クリニックが1万円を上限として負担することに決めました。過去にあまり事例がないので，クリニックがある程度負担することについて，あらためて就業規則にも再検査費用の負担について規定します。

山崎さん：そうですか，ありがとうございます。

矢野院長：いや，当然の役目だよ。健康でないといい仕事もできないしね。

 4 インフルエンザにかかった職員への対応

Q4

職員がインフルエンザにかかってしまいました。休ませたときは無給でもよいですか？

A4

インフルエンザと診断された場合には，職場での感染を避けるため，自宅待機をさせる必要があります。

感染症の種類等，休ませたときの状況により，無給でよい場合と，休業補償を支払わなければならない場合があります。

【解説】

(1) インフルエンザで休業中の給与の取扱いを確認する

インフルエンザで休業中の給与の取扱いについては，次のようになります。

鳥インフルエンザや新型インフルエンザにかかり，感染症予防法に基づき就業が制限された場合は，法的な強制休業となりますので，クリニックには給与を補償する義務は発生せず，その休業期間中は無給となります。

同居の家族が新型インフルエンザ等に感染している場合において，職員本人も濃厚接触者であることなどにより保健所の協力要請等により休業させるときも同様です。

季節性インフルエンザについては，専門医などの診断に基づき，労働安全衛生法第68条で定める疾病とクリニックが判断し，就業を禁止した場合は，無給となります。しかし，インフルエンザといまだ診断されていないときや疑わしいときに，クリニックの命令によって自宅待機をさせる場合は，法的な就業制限，禁止の取扱いではないため，労働基準法第26条に基づき平均賃金の60％以上の休業手当を，クリニックは支払う必要があります。

| 専門家との連携度 | レベル1 | レベル2 | レベル3 | レベル4 |

インフルエンザの種類や状況により，専門家等に相談をしてください。

図表6-3 ▶ 感染症予防法の感染症区分（平成21年4月1日施行）

区　分	主　な　疾　病	就業制限の有無
一類感染症	エボラ出血熱，クリミア・コンゴ出血熱，痘そう，南米出血熱，ペスト，マールブルグ病，ラッサ病	就業制限あり ○
二類感染症	急性灰白髄炎，結核，ジフテリア，重症急性呼吸器症候群（SARS），鳥インフルエンザ（H5N1）	就業制限あり ○
三類感染症	コレラ，細菌性赤痢，腸管出血性大腸菌感染症，腸チフス，パラチフス	就業制限あり ○
四類感染症	E型肝炎，A型肝炎，黄熱，Q熱，狂犬病，炭疽，鳥インフルエンザ（H5N1を除く），マラリア，野兎病など	就業制限なし ×
五類感染症	インフルエンザ（鳥，新型インフルエンザを除く），ウイルス性肝炎，クリプトスポリジウム症，梅毒，麻しんなど	就業制限なし ×
新型インフルエンザ等感染症	新型インフルエンザ，再興型インフルエンザ	就業制限あり ○

（感染症予防法第6条，第18条）

　本来，法律に基づく休業日やクリニックの休業命令日は，年次有給休暇は取得できませんが，年次有給休暇に振替を認めている場合や，特別休暇制度を設け100％給与を補償するなど，法律を上回る取扱いをしているクリニックもあります。院長としては，どのような給与の取扱いをするか，就業規則等の確認を行ったうえで，職員に伝えるようにしてください。

(2)　インフルエンザの法的位置づけを確認する

　インフルエンザには，さまざまな種類がありますが，いずれのインフルエン

ザも感染症予防法で感染性の疾病として定義されています。感染症予防法では疾病の種類により，一類から五類までと新型インフルエンザ等感染症の区分（**図表6-3**）を設けており，その区分によって法的な規制の取扱いが異なります。

　一類から三類の感染症と新型インフルエンザ等感染症については，就業制限を行えることになっています。

　新型インフルエンザと二類として指定されている鳥インフルエンザは，行う業務により感染症予防法上の就業制限がかかります。季節性のインフルエンザは，五類に指定されているため就業制限の適用とはなりません。

　一方で，労働安全衛生法上では伝染性疾病者の就業禁止を定めており，労働安全衛生法で定める疾病にかかった場合は，就業を禁止しなければなりません。労働安全衛生法で定める疾病に該当するかどうかは，専門医などの意見をもとに判断することになります。季節性インフルエンザについては，専門医などの意見を聴いたうえで就業禁止措置をとることも可能です（労働安全衛生法68条，労働安全衛生規則第61条）。

(3)　職員やその家族がインフルエンザにかかったらまず連絡をさせる

　どのインフルエンザであっても，職員やその家族がインフルエンザと診断された場合には，すぐに院長に報告させてください。職員から連絡を受けたら，感染の危険がなくなるまで療養してもらうことが必要となります。休業する職員に対しては，職場に復帰できる条件，休業期間中の給与の取扱いなどを，本人へ伝えておくことが必要です。

　インフルエンザが疑われる場合にあっては，直ちに診察を受けるよう職員に指示し，インフルエンザでないと確定するまでは，診療所内外での感染防止のため，自宅待機などの対応が望ましいでしょう。

　インフルエンザの対応で一番大切なことは，「感染者または感染の疑いがある職員が無理に出勤した場合に，診療所内外において感染を拡げるリスクがあること」を，職員に認識してもらうことです。院長は，「インフルエンザの症状がある場合は，家で自宅療養する」という基本ルールを，職員全体に浸透させ，もし，インフルエンザがまん延したときに慌てないためにも，診療所のインフルエンザ対策を前もって確認し，職員に教育・啓もうすることが重要です。

職員との対話実践編

子どもがインフルエンザにかかった職員とのやりとり

吉川さん：《電話にて》院長，子どもが新型インフルエンザにかかりました。私は今のところ大丈夫なのですが，どうしたらよいでしょうか？

近藤院長：そうか，それは大変だね。吉川さんは大丈夫ということだけど，医療機関である以上，大事をとって自宅待機してくれないか？

吉川さん：はい，わかりました。

近藤院長：お子さんのインフルエンザが完治したら連絡をもらえないだろうか。

吉川さん：あの，すみません。休んでいる間の給料はどうなるのでしょうか？

近藤院長：大事なことをいい忘れてしまったね。申し訳ないが，自宅待機をクリニックとして命じた場合は，賃金規程にもあるように，平均賃金の60％の支給ということになってしまうね。

吉川さん：自宅待機期間中に給料カットされるのですか。ちょっと困ります。なんとかなりませんか。私は元気なのですが。

近藤院長：気持ちは理解できるよ。でも，みんなでクリニックを守っていかないとね。クリニックが業務停止になってしまったら，患者さんに迷惑がかかるし，クリニックの信用もなくなってしまう。このような体制をクリニックがとることで，患者さんからより一層信用をいただけると思うよ。

吉川さん：そうですね。では，しっかり子どもを看病しながら，様子をみさせてもらいます。そういえば院長，私，有給休暇がまだ残っていますよね？　有給休暇の申請をしてもよろしいでしょうか？

近藤院長：そうだね。ちょうどこの前，社労士の先生が「家族がインフルエンザにかかって，自宅待機を命じた職員に対しては，本人の同意があれば有給休暇をあててもよい」って話してたよ。よかったね。

吉川さん：そうですか，安心しました。少しの間ご迷惑をおかけしますが，よろしくお願いします。1日に1回は，院長に連絡を入れるようにします。

近藤院長：頼んだよ。お大事に。

第 7 章

服務規律

1 遅刻を繰り返す職員への対応

Q1

遅刻を繰り返す職員に注意しても改善されないため，始末書を提出させよう
と思っています。どのように進めたらよいのでしょうか？

A1

　始末書には2つの意味があります。懲戒処分として反省を促す意味と，業
務改善を図る目的で単に違反行為の事実を記載させる顛末報告の意味です。
始末書，顛末書の提出は，専門家に確認のうえ，適切に対応してください。

【解説】

(1) 遅刻を繰り返す職員には，その場できちんと教育的指導を行う

　遅刻を繰り返す職員には，そのつど注意を怠らないことが重要です。遅刻や
欠勤を繰り返すことは，社会人として最も基本である勤務態度が不良なわけで
すから，大きな問題です。

　一般的な診療所勤務の場合で，遅刻常習犯の職員に対して，院長は最初のう

ちは注意をしていても，数分の遅刻であれば仕事に大きな支障が出ないからということで，途中から注意をしなくなることがあります。院長が遅刻を黙認していると，定刻に出勤している職員は「少しぐらいの遅刻は許される」と思うようになります。このことは職場全体の規律を緩めてしまうことになります。

院長は，職員がなぜ遅刻をしたのか毎回本人に確認し，そのつど遅刻をしないように指導すると同時に，「始業時刻は仕事を始める時刻であって出勤時刻ではない」ことを理解させなければなりません。

数分の遅刻について，本人が特に仕事に支障はないだろうと軽視しており，改善が見込まれないのであれば，数分の遅刻であっても懲戒の対象になることを伝え，教育的に指導します。

(2)　懲戒処分の検討には注意・指導の記録が有効となる

遅刻を繰り返す職員に対して，何度注意しても改善されない場合には，その後の処分を検討しなければなりません。院長は，その処分の程度を判断できるように，これまでの職員への口頭注意や指導の履歴を記録しておくことが重要です。

注意・指導した日時，回数，理由，内容，本人の反省の言葉などといった記録は，後の懲戒処分を検討する判断材料，証拠としても有効となります。

(3)　始末書には2つの意味がある

何度注意をしても反省の色がみられず，遅刻が繰り返されるときには，本人に違反行為を認識させ，反省を促す必要があります。実際には，始末書などの提出を求めることが有効です。

始末書には，2つの意味があります。1つ目は，懲戒処分としてのもので，本人に「違反行為を自覚させ反省させること」「再度同様の行為を犯さないことを誓約させる」などの目的のものです。懲戒処分として始末書を提出させる場合には，その根拠となる規定が必要となります。単に業務命令の一環として行えるものではなく，就業規則に懲戒の規定で，「(例) けん責：始末書を提出させ将来を戒める」など，始末書を提出させる旨の規定がなければ，懲戒処分としての命令を出すことはできません。必ず就業規則の懲戒規定にのっとって

専門家との連携度	レベル1	レベル2	レベル3	レベル4

懲戒処分を行う場合は，その内容について専門家等の意見を聞いてください。

行う必要があります。

　2つ目は，「顛末書」として単に事実とその経過を記載させ，本人に違反行為を確認させることで，今後の業務改善などを図る目的のものです。「経過報告書」ということもあります。記載させる内容は，違反行為の顛末（事実の一部始終や経過のみ）に限られます。懲戒処分ではないため，業務命令の一環として，職員に顛末書の提出を求めることが可能となります。しかし，顛末書の記載内容は，あくまでも違反行為の顛末に限られますので，本人の反省，将来の誓約を加えて書くことを強要してはいけません。

　この「始末書」と「顛末書」の区別をすることなく，失敗・違反をした職員に対して，安易に始末書を求めていることがありますので，注意してください。

(4)　顛末書，始末書の提出を求める

　院長が，懲戒処分の「けん責」までに至らないと判断し，顛末書を提出させることを決定した場合には，職員に業務命令として顛末書の提出を求めます。その際には，「業務改善などのために顛末書の提出を求めていることを職員に理解させること」「職員の反省，将来の誓約を強要しないこと」などに注意を払ってください。

　また，「けん責」の始末書を提出するように判断した場合には，専門家等と連携を取りながら進めてください。懲戒処分による始末書の提出を求める場合であっても，反省や将来の誓約を記載することを執拗に求めたり，始末書の提出を本人が拒否した場合に，その提出を強要したりすることは許されません（丸住製紙事件・高松高裁昭和46年2月25日）。始末書は，本人の自発的な意志に基づき，はじめて提出されるものになりますので，慎重を要します。

　顛末書や始末書に関する場合には，適切に職員と対応するようにしてください。誤った対応，勘違いの対応は，トラブルの原因となります。

職員との対話実践編

遅刻を繰り返す職員とのやりとり

矢野院長：八木さん，今日も 3 分遅刻しているじゃないか。今月は，今日で 3 回目だぞ。今日の遅刻理由を聞かせてくれないか。

八木さん：院長，今日の遅刻は，電車が少し遅れたからです。電車が遅れた場合は仕方がないですよね。3 分程度の遅れなので，遅延証明書も出ていませんが，その場合はどうしたらいいのですか？

矢野院長：うちのクリニックのルールでは，電車が遅れた場合には遅延証明書を出せば，遅刻扱いはしないとなっているのは確かだよ。でも，八木さんの乗る地下鉄は 5 分間隔で来るから，通常乗る電車が遅れていたとしても，次にくる電車に乗ることで，遅刻はしなかったんじゃないか。現に，八木さんと同じ路線の中村さんは，遅刻していないよ。

八木さん：……。

矢野院長：普段から，ラッシュ時の電車が多少遅れることはよくあるわけだから，少し早めに自宅を出ることは必要だと思うよ。始業時刻は 9 時だけど，始業時刻はそれまでに出勤すればいい時刻ではなくて，仕事を開始する時刻なんだよ。9 時から仕事が始められるように出勤して準備することは，社会人として必要な姿勢なんじゃないかな。

八木さん：そうなんですか。9 時までに出勤すればいいと思っていました。始業時刻については誤解していました。

矢野院長：そうか，始業時刻について誤解していたのなら，今後は少し早めに出勤できるね。このまま 9 時に仕事が開始できない状況が続くようなら，他のメンバーはどう思うかな？　八木さんは仕事ぶりもいいし期待をしているから，それだけは避けたいんだ。

八木さん：はい，わかりました。少しぐらいの遅刻は大丈夫だと，甘く考えていたところがありました。大変申し訳ありませんでした。今後は，遅刻せず，9 時から仕事が始められるようにします。

ネットオークションで高収入を得ている 職員への教育指導

Q_2

ネットオークションで高収入を得ている職員がいます。これは，クリニックで禁止している兼業禁止にあたり，懲戒処分の対象となるのでしょうか？

A_2

　就業規則の兼業禁止規定で，「自ら事業を営む」ことを禁止している場合には，ネットオークションでの収入は兼業禁止事項に該当する可能性がありますが，仕事に支障がない限り懲戒処分は難しいでしょう。ただし，職員に対しては，ネットオークションが行き過ぎるとどうなるのか，教育することが必要です。

【解説】

(1)　まずは就業規則の規定を確認する

　ネットオークションで収入を得ることについて，クリニックの就業規則の兼業禁止にあたるのかどうかは，その規定内容によります。まずはみなさんのクリニックの就業規則の兼業禁止規定を確認してみてください。

> **就業規則規定例**
>
> 職員は，医院の許可なく在籍のまま，他の会社の役員もしくは従業員となり，または自ら事業を営むことをしてはならない。

　上記のような規定がある場合で，ネットオークションで収入を得る頻度・程度が，自ら事業を営む程度と同等と判断されるならば，クリニックの許可を得ていない以上，禁止事項に該当することになります。しかし，たとえ兼業禁止事項に該当し得るとしても，懲戒処分の対象となるかどうかは，その行為の程

度や業務に支障が出ているかで判断されます。

(2)　クリニックが兼業を禁止する意味を理解する

　通常，クリニックは就業規則に兼業禁止の規定を設けています。兼業を禁止する理由としては，次のものがあります。

兼業を禁止する理由

① 兼業により精神的・肉体的に疲労が蓄積され，業務に支障をきたすため

② 他社の従業員になることにより，クリニックに対して誠実で完全な仕事ができなくなり，クリニックの秩序を乱すため

③ 他社の従業員になることにより，クリニックの対外的信用や体面を傷つける可能性があるため

④ 競合するクリニックに就職するなど，競業で経営上の秘密が漏れることがあるため

　職員が勤務時間外の時間をどのように過ごすかは，本人が自由に決められるものです。しかし，クリニックの業務の運営に支障をきたす場合や，クリニックの信用を傷つけるおそれがある場合は，懲戒や教育的指導の対象となります。

(3)　問題となる行為の判断基準を確認する

　設問のネットオークションで収入を得る行為で，就業規則の兼業禁止事項に違反し，かつ懲戒処分の対象となる行為は，次のような場合があてはまります。

問題となる行為の判断基準

① ネットオークションを深夜まで行うことで，実際に遅刻，欠勤が発生し，業務に支障をきたしているとき

② クリニックの備品や薬品，その他クリニック内外にかかわらず，物品を転売する目的で不正に入手し，オークションにかけていたとき

専門家との連携度	レベル1	レベル2	レベル3	レベル4

職員の状況を確認し，問題がありそうな場合は，専門家等に相談してください。

③　ネットオークションにより，クリニックの信用や院内の秩序を乱す行
為があったとき　　など

　一般的に，ネットオークションの利用は，余暇を利用する程度なら問題には
なりませんが，仮に職員がネットオークションで高収入を得ているという情報
を耳にした場合には，そのネットオークションの態様が，上記①〜③のような
ものでないか，職員に確認する必要があります。

ワンポイント解説
◆◇パートタイマーの兼業は禁止できるか◇◆

　パートタイマーの兼業を禁止することができるかを考えてみます。1日の勤務
時間が3〜4時間のパートタイマーは，他の医療機関と掛け持ちをして働いてい
ることがあります。常勤職員の兼業を禁止する理由と同様，禁止する理由①〜④
に掲げた理由に該当しない限り，パートタイマーに兼業を禁止することは難しい
でしょう。
　パートタイマーの職員が掛け持ちしている場合には，どこでどのような条件で
勤務しているのかを申告してもらうことが必要です。特にクリニックの秘密を外
部に漏らさないよう，何がクリニックの機密情報なのかを理解させ，機密遵守誓
約書を提出してもらうなどの対応が必要になります。
　また，掛け持ちをしているパートタイマーの勤務時間については，各勤務先で
の時間を合算するので，割増賃金の支払いもれがないように留意する必要があり
ます。

職員との対話実践編

ネットオークションで高収入を得ているとわかった職員とのやりとり

近藤院長：本間さん，最近ネットオークションにハマっているそうじゃないか。

本間さん：はい，先生！　ちょっと前から始めたんですが，今月は最高によくて15万円儲かりました。

近藤院長：そうなんだ。オークションには，何を出品しているの？

本間さん：もう使わなくなった時計とか，洋服とかです。最近は，友達からもオークションにかけてくれって頼まれたので，友達の物やら，家族の物やら，結構楽しくて……。先生も何か売りたい物ありますか？　代わりに私がやりましょうか？

近藤院長：自分の物とか，家族の物をオークションにかける場合は，まだいいとして，友達の代わりにやってあげて，手数料とか取って，稼ごうなんて思っていないだろうね。

本間さん：そうですね～。高額な値がついたら，手数料もがっぽり欲しいですよ。まぁ，友達から手数料はもらわないですけどね。

近藤院長：本間さん，ネットオークションでの収入や頻度が度を超すと，就業規則で禁止している副業とみなされる可能性があるから，注意しなければいけないよ。あまりのめり込み過ぎて，エスカレートしないように。また，本間さんが，ネットオークションの手数料で稼いでるなんて噂が出たら，本間さんのためにならないからね。

本間さん：えっ!?　ネットオークションが，副業とみなされることもあるんですか？　プライベートの時間でやっているし，問題ないと思っていました。他人の物を代わりにオークションにかけることは，手数料を取ってるんじゃないかって誤解されるかもしれませんから，今後はやめておきます。度を超さないよう気をつけます。

近藤院長：そうだね。度を超さないようにね。

働きやすい職場

1 挨拶できない職員に挨拶してもらうには

Q1

職員は，仕事の基本である挨拶ができていません。どのようにしたら，挨拶ができるようになるのでしょうか？

A1

職員に挨拶のメリットについて理解してもらい，まずは，院長が率先して挨拶を実践してください。

【解説】

(1) 挨拶のメリットについて職員と共有を図る

挨拶はコミュニケーションの基本であり，仕事の基本でもあります。挨拶が活発に交わされている職場は，大変明るく活気があり，仕事に好影響を与えます。そのような職場にするためには，院長自身が挨拶のメリットについて理解し，率先して職場で実践することが重要です。

　院長の仕事は，挨拶に始まり挨拶に終わるといっても過言ではありません。挨拶は院長の仕事における重要なスキルとお考えください。以下に，挨拶のメリットについて整理しましたので，職員と共有を図ってください。

> ### 職員にとっての挨拶のメリット
>
> ①　職場全体に明るさと活気を与え，チームワークやコミュニケーションがよくなり，仕事がしやすくなる
> ②　挨拶することで，同僚に気持ちよく自分を受け入れてもらえる。
> ③　挨拶することで，人間関係を構築するきっかけができる。

(2)　院長が率先して挨拶を実践する

　まず，職員に挨拶のメリットについて説明し，理解を得ることから始めます。挨拶のメリット①については，職員に職場で挨拶を実践させながら，徐々に体感してもらうようにします。

　次に，院長が率先して，「おはよう」「ありがとう」「お疲れ様」「さようなら」などの挨拶を，職員の顔を見て実践してください。特に重要なのは，1日の始まりである朝の挨拶です。院長自ら元気よく自然なかたちで毎日実践することが必要です。挨拶は「おはよう」だけではなく，**図表8-1**のように，挨拶にひと言そえると，信頼関係を深めるのに大きな効果があります。

　挨拶は，特定の職員だけを意識して行うものではありません。院長が職場で率先し，職場全体で活発に挨拶できるような雰囲気をつくることが大切です。そのような雰囲気になれば，挨拶ができない職員も自然と挨拶ができるようになっていきます。もし，それでも職員に変化が見られない場合は，職員の同僚もしくは少し年齢が上の先輩に，意識的に挨拶をしてもらうように依頼することも有効です。

専門家との連携度	レベル1	レベル2	レベル3	レベル4

挨拶は仕事の基本です。まずは，院長が率先して実践してください。

図表8-1 ▶ 挨拶にそえると効果的な一言

【朝の挨拶に一言そえる例】

「○○さん，おはよう」「おはよう，今日は本当にいい天気だね」

「おはよう，今日は君の誕生日だね」「おはよう，家族旅行は楽しかった？」

「おはよう，昨日の○○さんの説明は，具体的ですばらしかったよ」

「おはよう，昨日は○○さんの持ち味が，患者さんに喜ばれたね」

【終業時の挨拶に一言そえる例】

「○○さん，ご苦労様」「お先に失礼，明日も○○さんよろしくね」

「お疲れ様，○○さん，気をつけて早く帰ってね」

「今日は，○○さんのあの一言に助けられたよ，じゃあまた明日」

「お疲れ様。明日は，お子さんの運動会，しっかり楽しんでね」

(3)　挨拶は時として逆効果になることもある

　挨拶は本来，相手の顔を見て明るく元気にするものです。ただし，何らかの理由で落ち込んでいる職員，疲れた表情をしている職員，心の病が疑われる職員に対しては，明るすぎる挨拶（声）は，かえって逆効果になることがあります。

　職員がこのような状態のときは，相手と同じトーンの声で，最低限の挨拶にとどめる必要があります。職員が2～3日たっても，同じような状態でいる場合は，職場から離れた場所でそっと理由を聞いてみてください。

　なお，心の病などが疑われる職員については，慎重に接するようにしてください。

職員との対話実践編

挨拶できない職員とのやりとり

矢野院長：佐藤さん，おはよう。昨日の大雨すごかったね。佐藤さんの家は大丈夫だったかな。

佐藤さん：はい，なんとか大丈夫でした。

矢野院長：そうか，それはよかった。ところで佐藤さん，うちのクリニックに入ってからそろそろ半年になるけど，挨拶が元気よくきちんとできていないようだね。

佐藤さん：……。（無言）

矢野院長：この前朝礼で話したように，挨拶って人間関係を良好にしたり，信頼関係を維持するのにとても大切だと思うんだ。明るく元気な挨拶ができる人は接しやすいしね。佐藤さんは，挨拶についてどう思う？

佐藤さん：挨拶ですか。したいときにするものではないですか？

矢野院長：佐藤さんは，相手に気持ちよく挨拶されたら，どんな気持ちになる？

佐藤さん：ええ，悪い気はしないですけど。

矢野院長：そうだろ。それどころか，挨拶されたら嬉しかったり，自分を受け入れてもらっている感じはしないかな。佐藤さんは社会人として，楽しく充実した人生を送りたいと思わないか。

佐藤さん：それはそうですけど。

矢野院長：それじゃ，挨拶から始めてみようか。

佐藤さん：何をどうするんですか？

矢野院長：私が率先してみんなに毎朝挨拶するから，佐藤さんも同じように大きく元気な声でみんなに挨拶してくれるかな。まずは，そこから始めよう。慣れて余裕ができたら，挨拶に今日の天気や相手の名前なんかを一言そえてみたらいいよ。

佐藤さん：なんだか照れくさいし，いまさら恥ずかしいです。

矢野院長：大丈夫だよ。佐藤さんならきっとできると思うよ。

佐藤さん：わかりました。とにかく明日からやってみます。

2　報告がきちんとできない職員への指導・教育

Q_2

催促されるまで報告をしない，報告のタイミングが遅い職員がいます。仕事に支障が出て困っています。

A_2

　　報告の必要性と報告を怠ったときのリスクを，職員にしっかりと説明してください。また，実際の場面では，院長から報告すべき事柄と報告のタイミングや期日について伝えることも必要です。

【解説】

(1)　報告の意義と必要性を職員と共有する

　まずは，院長と職員で「なぜ報告が必要なのか」という，基本的な認識を共有してください。次に，報告を怠った場合や報告のタイミングを逸した場合に，どのようなことが起こり得るのか，そのリスクについても共有することが必要です。ここであらためて，報告の意義と必要性について整理します。

報告の意義

報告とは，指示命令された仕事の経過や結果について，タイミングよく伝えること

報告の必要性

① 院長が仕事の進捗や質を確認できる

② 仕事の不具合や問題を早期に把握し早めに対処できる

③ 期限や患者満足度を満たせるかどうかの判断ができる

④ 報告内容から職員育成のためのポイントが把握でき，適切なアドバイスができる

---

(2)　報告は院長から求めることが必要なときもある

　仕事の報告をすることは，基本的には職員の義務です。ただし，仕事上の重大な判断や問題解決をしなければならない必要がある場合には，院長から，あらかじめ報告をする内容や報告のタイミング（期日）を，職員に明確に伝えることも必要となります。特に重要な内容の案件については，職員に報告すべき事柄とタイミングを指示することが，院長の責任と役割ともいえます。

　したがって，職員が催促されるまで報告をしてくれないとか，報告のタイミングが遅いというのは，すべての仕事のケースにあてはまるわけではありません。報告をすべて職員任せにするのではなく，院長からも適宜コミュニケーションを交わしながら，報告を求めることも必要になります。

(3)　報告を怠ると大きなトラブルを抱える

　職員が報告を怠ったり，報告するタイミングが遅かったりすると，クリニックとして大きなリスクを抱えることになります。主なリスクは次のとおりです。

【報告を怠った，又は報告のタイミングを逸した場合のリスク】

リスクの種類	事　例
①　仕事の期限に間に合わなくなるリスク	法改正時等の必要な届出が遅れ，レセプトの請求に間に合わなくなる
②　大切な職員を離職へ追い込むリスク	院長の目が届かないところでの陰湿ないじめや嫌がらせがあったことを報告できず，職員が離職してしまう
③　感染リスクの正しい評価ができないリスク	針刺し等の報告がされなかったため，その後の感染成立阻止のためのフォローなどを受けることができない
④　患者さんや取引業者の信頼を失墜させるリスク	クレームを報告せず，対応を誤ったことで患者さんを失い，さらには地域住民からの信頼をも失う

(4)　リスクの予防には定期的な報告が重要となる

　報告に関するリスクをあらかじめ予防するには，日ごろから職員とのコミュ

専門家との連携度	レベル 1	レベル 2	レベル 3	レベル 4

報告は仕事の基本です。職員と報告の必要性と意義について共有してください。

ニケーションを密にし，定期的に報告を受けるようにそのタイミングを設定することが有効です。

　また，定期的な報告を待たず，例えば「お薬についての相談を受けたとき」「高齢の方がいらっしゃったとき」「クレームを受けたとき」などのように，報告すべき場面を約束ごととして決めておくと，報告のもれがなくなり，報告に関するリスクの多くを予防することができます。

　なお，職員からの報告のさせ方も重要なポイントです。次のような「報告のさせ方」が大切です。

報告のさせ方

① 指示者に直接，仕事が終わったらすぐに報告させること
② 結論を先に，経過は後に報告させること
③ 報告する内容は明確・簡潔に，整理して手短にさせること
④ 仕事の全体像の中で，現状はどの段階かを報告させること
⑤ トラブルは何よりも優先して報告させること
⑥ 緊急事態は，時と場所を選ばず報告させること

ワンポイント解説
◆◇報告と同時に職員から「相談」を受ける◇◆

　相談とは，「自分自身が仕事について，どうすべきか判断に迷ったときに，上司や先輩に参考意見やアドバイスをもらうこと」です。相談は報告とは違い，仕事上の悩みや能力を高めるための，職員自身の問いかけでもあります。

　仕事の目標を達成し，また職員の能力開発をするためにも，相談してもらうことはとても意義があります。職員から気軽に相談をされるようになるということは，職員が院長に信頼を寄せている証拠でもあります。

職員との対話実践編

報告ができない職員とのやりとり

近藤院長：山本さん，今，患者さんの田中さんが診察室で怒っているのだけれど，保険証を違う人に返してしまったんだって？

山本さん：あ，はい。すみません。3日前に来院された時に，別の患者さんに間違って返してしまったようで……。

近藤院長：それで，すぐに渡し間違えた患者さんに連絡して，田中さんに返さなかったの？

山本さん：実は……，その患者さんと連絡が取れなくて，まだ田中さんに保険証が返せていません。

近藤院長：なるほど，田中さんが怒るのも無理ないよ。だって，大事な個人情報を他人が持っているわけだし，不正使用でもされたらどうするの？第一，どうして直ぐに報告してくれなかったの？

山本さん：申し訳ありません。そのうち連絡とれると思っていましたし，院長に怒られるのが怖くて言えませんでした。自分でなんとかできるかと……。

近藤院長：自己判断はまずかったね。報告しないと，適切な対応ができずに患者さんに迷惑をかけ，クリニックへの信用もなくなるんだ。田中さんには院長の私からしっかり謝罪しておくから，診療が終わったら，一緒に保険証を間違って渡してしまった患者さんのお宅に取りに行こう。

山本さん：はい，わかりました。

近藤院長：（患者さんに謝罪した後で）田中さんには私からしっかり謝罪し，保険証は責任もってお宅にお届けすることでご納得していただけたよ。山本さん，これからはトラブルになりそうなことは，院長である私にしっかり報告してもらえるかな。

山本さん：そうですね，これからはすぐに報告するようにします。

3　クリニックの不満を言う職員への教育・指導

*Q*3

いつもクリニックに対し不満ばかり言っている職員がいます。彼女のために職場のメンバーが気持ちよく仕事ができません。

*A*3

職員の不満をしっかり聴いたのち，不満を具体的に解消・改善するためには何をすべきなのか，職員と一緒に前向きに考え，改善提案を促してください。

【解説】

(1)　まずは職員の不満をじっくり聴く

　まず院長としてすべきことは，不満をいう職員と向き合って，職員の不満の内容をしっかり傾聴してみることです。このとき，職員の話を否定することなく，また院長の意見を押し付けることなく，最後まで聴く努力をしてください。

　院長が職員の話をしっかり聴くことによって，職員は自分自身を客観的に見つめ直すことができます。その結果，職員は不満に対して，「自分が環境に適応する努力を怠っていた」「自己中心的だった」などの気づきを得ることができるようになります。

(2)　職員と一緒に不満を改善につなげる

　職員の不満が，職員の一方的な思い込みや，周りの環境や他人に責任を押し付けるようなものであるときは，院長としてはそのことを率直に伝え正すべきです。

　ただし，不満の内容が，クリニックや職場の改善につながるものであると判断したときは，職員に対し前向きに話しかけ，具体的に改善提案するように促してください。職員が具体的な改善策を提案できれば，クリニックにとっても

大変よいことです。院長としては，不満をいつも前向きにとらえ，必ず何か改善の余地があると考えてみてください。なお，職員が改善を進めるときは，院長は積極的にかかわり，適切な場面でアドバイスしてください。

⑶ 不満を言う職員をほうっておくと職場規律が保てなくなる

不満ばかり言う職員を放っておきますと，院長としての評価（信頼）を下げることになってしまいます。なぜなら，職員たちは，指導力のない弱腰の院長であると判断するようになるからです。

したがって，職員たちは，このような院長のために力を貸そうという気持ちにはなれず，仕事の踏ん張り時にも力が入らなくなってしまいます。

一方，不満を言う職員の方ですが，職場の同僚は，毎日のように不満を聞かされては，気持ちよく働くことができません。その結果，同僚としてその職員に協力をしなくなります。また，そのような状況がエスカレートすると，その職員を避けたり，いじめに発展したりしてしまうことが考えられます。このような事態になると，職場は暗くなり，職場規律は保てなくなってしまいます。

⑷ 不満の予防をする

不満は，表面化する前に予防できます。それには，院長が職員と定期的に面談をして，「クリニックに対する不満」「仕事の悩み」「職場の人間関係」などについて聴く機会を設けることが大変有効です。このような機会を設けると，不満として表面化する前に自ずと解消したり，簡単に解決できるものもあります。

また，普段遠慮がちで話が苦手な職員に対しては，秘密を守ることを前提に院長から積極的に質問すると，改善すべきことや職場活性化のヒントが得られることがあります。

さらに，匿名で職員満足度調査を実施し，職場環境や労働条件への不満を把握する方法もあります。調査結果は職員に公開し，クリニック（職場）としてできることは，優先順位をつけて改善実施していくことが望まれます。ただし，職員の不満があるからといって，すべてに応えなければならないというものではありません。クリニックの状況を考慮し，専門家等と連携して改善を実施し

専門家との連携度	レベル 1	レベル 2	レベル 3	レベル 4

不満は職場規律に影響します。内容によっては，対処方法を専門家に相談したうえで，院長として前向きに指導・改善してください。

てください。

ワンポイント解説
◆◇ハーズバーグの「動機づけ・衛生理論」◇◆

　一般的に職員（働く人）はどのようなとき不満を抱き，また動機づけられるのかを知ることは，不満に先手を打つ意味でも有効です。以下は，ハーズバーグの「動機づけ・衛生理論」において紹介された，衛生要因と動機づけ要因です。

　「衛生要因」は，これが満たされないと不満を感じるけれども，満たされたからといって「やる気」を引き出すものではありません。

　「動機づけ要因」は，これが満たされると動機づけが行われ，さらなる満足感を求めて「やる気」が増すというものです。

【衛生要因（不満足要因）】

□クリニックの方針と管理：
- 明確に定められた経営方針，特に人事に関する方針の有無
- 組織とマネジメントの妥当性

□監督のあり方：院長の能力と公正さ，直接話しやすいかどうか

□対人関係：院長，職員，同僚との関係

□給与：給与，賞与，年金その他金銭的な処遇全般

□地位：他人と比較した地位や身分。特に，役職名，建物の大きさなどに象徴される目に見える要素

□雇用保証：地位や雇用そのものを失う危険性がないこと

□私生活：私生活への仕事の影響。ストレス，残業など

□作業環境：職場の物理的条件，仕事量，利用可能な施設，空調，照明，スペース，ツール，雑音といった環境的側面

【動機づけ要因（満足要因）】

□**達成**：「任務を成功裏に終える」「問題が解決する」「自分の正当性が認められる」「仕事の成果を目の当たりにする」といった具体的成功事例

□**承認**：注目される，称賛されるなど人から認められること

□**成長の可能性**：仕事で成長できる可能性が大きい職務への配置転換など

□**昇進**：地位の上昇を伴う配置転換

□**責任**：実質的な責任を与えられ，それに伴う必要な権限を付与されること

□**仕事そのもの**：任務の遂行，または仕事のさまざまな局面

職員との対話実践編

いつもクリニックの不満を言う職員とのやりとり

矢野院長：小山さん，クリニックへの不満をよく耳にするんだけど。よかったら，私にその内容を聞かせてもらえないかな。13時から診察室でどうかな。

小山さん：はい……。

《その後診察室にて》

矢野院長：不満って具体的にどんなことなのかな？

小山さん：たくさんあって何から話していいかわかりませんが。そうですね，最近よく思っていることですが，クリニックとしての患者対応の基本指針がわからないので，自分としてもどのように行動してよいか，迷ってしまいます。

矢野院長：そうか，どう動いていいか迷ってしまうんだね。確かにちょっとあいまいで，個々人に任せている部分が多いね。

小山さん：具体的な基準がないと本当にわかりにくいんです。悩む分時間もかかります。こんな状態で患者さんと接するのもどうかと思います。

矢野院長：確かに，クリニックとしての明確な基本指針が必要かなと考えていたところだよ。小山さんのいうことにも一理あると思うよ。小山さんの言いたいことは本当によくわかった。そこでだ，小山さんにお願いしたいことがあるんだけど。

小山さん：何でしょうか？

矢野院長：小山さんに患者対応の基本指針についてまとめて欲しいんだ。

小山さん：それは先生がするんじゃ……。なんで私がそこまでやらなきゃいけないんですか？

矢野院長：私は診察室の中での患者さんの様子はわかるけど，待合室での様子については，小山さんがだれよりも知っているはずだよね。だからこそお願いしたいんだ。やっぱり現場の意見を大切にしたいからね。

小山さん：わかりました。なんとかやってみます。先生もアドバイスください。

矢野院長：よし，やってみよう。まずは，患者さんへのサービスという面で考えるべきことか，患者さんにどうしても協力してもらう必要がある医療という面で考えなければならないことかを，整理していこうか……（略）。

 **4 うまくいかない職場の 5S 活動**

Q_4

職場で 5S 活動を実施しているのですが，すぐに元に戻って職場が乱雑になってしまいます。どうしたらうまくいくでしょうか？

A_4

5S（整理・整頓・清掃・清潔・躾^{しつけ}）の意義とメリットについて，しっかり職員に理解してもらい，院長が率先して 5S を実践し，その見える化を推進してください。完全に習慣となるまで，5S をやり続けることが大切です。

【解説】

(1) 5S の意義を知ることからはじめる

5S とは，「整理」「整頓」「清掃」「清潔」「躾^{しつけ}」のことをいいます。この順番にも意味があり，「整理」を行って「整頓」をし，「清掃」をして「清潔」を保ち，「躾^{しつけ}」によって歯止めをかけるという手順で考えます。以下は 5S の要素１つひとつの意義になります。

5Sの各要素の意義	
【整理】	要るものと要らないものをはっきり分けて，要らないものを捨てる（処分する）こと。
【整頓】	要るものを使いやすいようにきちんと置き，だれでもわかるように明示すること。
【清掃】	常に掃除をし，きれいにすること。日常点検などをしながら，メンテナンスすることも清掃に含まれる。
【清潔】	3S（整理・整頓・清掃）を維持し，だれが見てもきれいで，そのきれいな状態を保つこと。汚したくない気持ちを醸成し，きれいな状態を維持しようとする心を育むこと。時として，異常を検

| 専門家との連携度 | レベル1 | レベル2 | レベル3 | レベル4 |

5S は職場全員で取り組み，働きやすい職場にしてください。

知するための「見せる化」でもある。

【 躾（しつけ） 】　職場のルールや規律など決められたことを，いつも正しく守る習慣づけのこと。

⑵　5S には職員にとってもクリニックにとっても大きなメリットがある

5S には大きなメリットがいくつかあります。業務の品質向上，生産性向上，スピードアップ，安全性向上などです。院長は，5S の実践がクリニック業績を向上させ，結果として職員の幸せにもつながることをしっかり職員に伝え，共有することが大切です。以下は，5S の具体的なメリットです。

図表 8 - 2 ▶ 5S のメリット

要因項目	5S のメリット
①品質向上	置き場，置き方，表示，色を統一して，異常が見えるようにしたり，作業に必要なものを必要数にとどめることによって，ミス防止やミスの検出が図れる。
②生産性向上	見ないでも物を取れるようにしたり，置き場，置き方，表示方法を統一して，物の受け渡しがしやすい職場環境にすることによって，作業工程数が削減できる。
③スピードアップ	数量表示の見える化によって，数えなくても数がわかるようにしたり，薬品，医療器具などの置き場を表示すれば，探したり戻したりする時間がかからず，時間の短縮を図ることができる。
④安全性向上	物の置き場所に関し定位置を決め，きれいな床にすることによって，つまずきのない，労災事故のない職場にできる。また，物の適正な置き方により，荷崩れ防止などが図れる。

(3)　5S を怠ると事故が多発したり，患者離れの原因になる

　5S を長い間怠りますと，転倒事故などが起こる確率が格段に高まります。例えば，5S の一番の基本である「整理」に関していえば，院内で使われていない設備，材料，器具などが，通路からはみだして置かれているだけで足をとられる危険性があります。足をとられて転び，頭などを打って大怪我をするということは，現実によく起こっていることです。もしこのような事故が発生してしまえば，当事者となった職員や患者，あるいはそれらの家族から責任を追及され，多額の損害賠償を求められる可能性さえあります。

　また，患者様が来院したときに，整理・整頓が行き届かず，清潔感が確保されていない院内を案内されたとすれば，そのようなクリニックには，二度と来院してもらえないでしょう

　5S にどれだけ神経を使っているか，これは外部からはっきり目に見えてわかることであり，クリニックの評価に直結するものです。5S を怠ると，クリニックにとっても，職員にとっても，よい結果を期待することはできません。

(4)　5S の実践と「見える化」を推進する

　職場で 5S を定着させるには，「5S の意義とメリット」「5S を怠った場合のリスク」について，職員に十分理解してもらうことが大切です。そのためには，院長が，5S に関する勉強会などを開催してもよいでしょう。

　勉強会をした後は，できることから確実に実践していくことが望まれます。例えば，「整理」を実施し，思い切って要るものと要らないものを分けて，実際に要らないものは処分するなどです。また，5S パトロールと称して月に1回程度当番を決め，5S が実施できているかどうか，職場メンバー全員で相互チェックをすることも有効です。

　次に，5S の「見える化」の推進です。5S の見える化とは，「5S に違反している物に赤札を貼り，赤札が貼られた物を処分する」「5S 上問題のある箇所の写真を撮り，見えるところに貼り出す」「物の置き場所の地図を作成し表示する」ことなどにより，5S を目で見て確認できるようにすることです。そうすることで，職場メンバーの 5S に対する意識を喚起・継続させることができ，

不具合を改善しようという行動が自然にとれるようになっていきます。

職員との対話実践編

整理ができない職員とのやりとり

近藤院長：三宅さん，最近は患者さんの数が増えて受付も忙しいよね。

三宅さん：ええ，忙しいですけど，院長先生の忙しさに比べたら，大したことありません。

近藤院長：それは良かった，ありがとう。君のますますの活躍を期待しているよ。そういえば三宅さん，いつも受付カウンター内の机の上が散らかっているけれど，その状態をどう思う？

三宅さん：申し訳ありません。片づけようとは思っているのですが，ついつい日常業務に追われてしまって。

近藤院長：仕事が忙しいのはわかっているよ。ちょっと私の聞き方が悪かったかな。机の上が散らかっていると，仕事をするうえで何か不便なことや困ることはないかということを聞きたかったんだ。

三宅さん：ええ，実は患者さんにお返しする診察券や保険証がなかなか見つからずに，焦ってしまうことがあります。大変申し上げにくいのですが，先日は診察前のカルテが他の書類の下に入ってしまい，診察に回すのが遅くなってしまって，患者さんを非常に長い時間待たせてしまいました。

近藤院長：それはいけないね。5S の意義やメリットについて，この間話しをしたばかりだと思うんだが，しっかり聞いてもらっていなかったの？　そもそも三宅さんは5S を実践したいと思うの？

三宅さん：はい，もちろんです。

近藤院長：じゃあ，今ちょうどお昼休みだから，一緒に実践してみよう。まずは，整理からいくよ。今から要るものと要らないものを分けて，要らないものは思い切って処分してみよう。

《5S の実践後》

三宅さん：なんだかとってもすっきりした気分になりました。これで，診察券や保険証を置く場所も決まって，スムーズにお仕事ができそうです。

近藤院長：そうだろ。5S でムダなものがなくなり気分もすっきりするから，もっと三宅さんは能力を発揮して仕事の効率も上げることができると

思うよ。今まで患者さんも受付の机の上を見て，いい気持ちはしな
かったんじゃないのかな。これからは，患者さんも気分よくお越しい
ただいて，お帰りいただけるようになると思うよ。

三宅さん：はい，ありがとうございます。これから5Sをしっかりやります！

近藤院長：返事がいいね。でも，5Sは習慣にすることが大切だね。これから5S
にみんなで取り組み，「見える化」しながら継続して実践していこう。

休日と休暇

 1 代休と振替休日の取得期限

*Q*1

当院では，代休や振替休日を暇な時期にまとめて取ってもらっていますが，いつまでに取得するという決まりはあるのでしょうか？

*A*1

　法律では，代休と振替休日の取得期限は特に設けられていません。しかし，まとめて取らせるよりは，なるべく接近した日に取らせるよう心がけてください。なお，代休や振替休日をまとめて取らせる場合は，割増賃金を支払わなければならない可能性が出てきますので，未払いとならないように注意してください。

【解説】

(1) 代休と振替休日の違いを理解する

　代休と振替休日を混同して運用しているクリニックがよくみられます。

　代休とは，「休日に勤務を行わせた後に，その代償として勤務日に休日を与

えること」をいいます。例えば，休日である日曜日に急遽出勤し，本来の勤務日である火曜日に事後的に休みを取らせるということになります。

　一方で振替休日とは，例えば，休日である日曜日をあらかじめ勤務日とし，本来の勤務日である火曜日を休日とするように，「事前に，休日と勤務日を振り替えること（入れ替えること）」をいいます。振り替えることにより，休日は通常の勤務日となります。

　ここで，注意が必要なのは，代休と振替休日では，割増賃金の取扱いが異なるということです。代休は，曜日が入れ替わりませんので，休日である日曜日に勤務した時間に対しては，1.25倍または1.35倍の割増賃金が発生することになります。ただし，同一週内に代休を取得した場合は，週当たりの勤務時間に変更がないため割増賃金は発生しないこともあります。また，代償としての休日（代休）は必ず与えなければならないというものでもありません。

　振替休日は，同一週内に休日と勤務日を振り替えた場合は，勤務時間数に変更はありませんので，振り替えによる割増賃金は発生しません。ただし，翌週に振り替えた場合などで，法定労働時間（原則1日8時間・1週40時間）を超えたときには，その超えた時間について，割増賃金が発生することに注意してください。これは，翌週に休日を取得した場合であっても，労働時間は日単位と週単位の両方で確認をしますので，週の法定労働時間を超えたときには，割増賃金部分の0.25が発生するということになります。

　代休と振替休日は，いずれも単に月や年間の休日の日数をあわせることのみで運用され，割増賃金の検証がなされていない場合がよくみられます。労働基準監督署の調査では，代休や振替休日の割増賃金の未払いについても，是正勧告の対象として指摘されますので，代休と振替休日の違いについて，しっかり把握してください。

専門家との連携度	レベル1	レベル2	レベル3	レベル4

代休と振替休日の違いを理解し，割増賃金の有無について専門家等に確認をしてください。

図表9−1 ▶ 休日の割増賃金率の違い

区分	法定休日	法定外休日
定　義	毎週1日または4週間を通じて4日	法定休日以外のクリニックが定める休日
割　増賃金率	1.35	1.25（ただし，原則として週40時間を超えない休日勤務の場合は，1.0となる）

(2)　代休と振替休日はできる限り，休日に勤務した日と接近した日に与える

　代休と振替休日の取得期限は，特に法律で定められていません。振替休日については通達が出ていますが，「振り替えるべき日については，振り替えられた日以降できる限り接近している日が望ましいこと」とされている程度で，明確に期日が定められているわけではありません（昭和23.7.5基発968号，昭和63.3.14基発150号）。

　院長は，職員が連続出勤で長時間勤務とならないように，できる限り，休日に勤務した日と接近した日に代休を与える，または振り替えるように運用・管理をしてください。また，代休については，就業規則で取得期限を独自に設けているケースもありますので，就業規則を確認したうえで，規定に沿った運用が必要です。

図表9-2 ▶ 代休と振替休日の違い

項　目	代　　休	振　替　休　日
どんな場合に行うのか	休日勤務や長時間勤務をさせた場合に，その代償として他の勤務日を休日とするとき	休日勤務をさせる必要がある場合（36協定が締結されていない場合など）
行う場合の要件	任意に与えることが可能	①就業規則に振替休日の規定があること ②振替休日の特定 ③振替は遅くとも前日までに本人に通知
振替後の休日または代休の指定	当日もしくは後日指定するまたは本人の申請による	あらかじめ指定する
賃　金	休日の出勤日については，割増賃金を支払うことが必要	振替休日が同一週内の場合，休日の出勤日は通常の賃金を支払えばよい。ただし，振替日が翌週になる場合などは，翌週に休日を取得しても，振替えにより働いた週の勤務時間が法定勤務時間（原則40時間）を超えた場合には，その超えた部分については割増賃金が発生する

職員との対話実践編

振替休日を職員に指示するときのやりとり

矢野院長：若林さん，来週なんだけど，医師会の当番で当直が日曜日にあるので，悪いけど日曜日出勤してくれるかな。

若林さん：はい，わかりました。

矢野院長：日曜日出勤してもらう代わりに，水曜日は特に検査の予定も入ってなさそうなので，休んでいいよ。

若林さん：水曜日は今のところ検査の予定は入っていないですね。休んでいいんですか。ありがとうございます。

矢野院長：では，来週の若林さんの出勤日は，日曜日と水曜日を振り替えることにするよ。振り替えるということは，日曜日と水曜日を入れ替えるということだ。つまり日曜日は通常どおり 8 時間，出勤してもらうことになるから，よろしく頼むよ。もちろん，私も日曜日は出勤しているよ。

若林さん：はあ，日曜日は当直の時間だけじゃなくて，8 時間出勤をするわけですか……。

矢野院長：曜日を入れ替えるわけだから，そうなるんだよ。水曜日は休日としてだれに気兼ねすることなく，1 日ゆっくり休んでくれていいんだよ。私としては，振替休日にしないで，日曜日に当直時間だけ休日出勤してもらうのは，ついつい若林さんが働き過ぎになってしまうかもしれないので，よくないと考えているんだ。若林さんの健康を考えて，休みはきちんと取ってもらいたいと思っているんだよ。

若林さん：はい，わかりました。仕事にはメリハリも大事ですからね。たまには平日に休みを取るのも，得した気分になりますね。映画館やお店は空いていますし。水曜日は，1 日休日としてしっかり休ませてもらいます。

 2　年次有給休暇の時季変更はどんなときにできるか

Q 2

職員から年次有給休暇の申請がありました。２日後に旅行に出かけるとのことです。業務が一番忙しい時なので，拒否したいのですが？

A 2

年次有給休暇申請を拒否することはできません。取得する日を変更させることは可能です。ただし，その変更は，単に業務が忙しいというレベルではなく，代替要員がどうしても確保できない場合などに限られます。

【解説】

(1)　年次有給休暇の拒否は原則できない

　労働基準法では，使用者は年次有給休暇（以下「有休」）を労働者の請求する時季に与えなければならないとしており，基本的にクリニックはその請求を拒否することはできません（労働基準法第39条）。しかし，職員が有休の申請を事後に行ったときには，拒否することができます。また，有休は，取得する際に承認を必ずしも必要としておらず，職員が事前に申し出ることによって取得できる性格のものです。

　有休は，本来一暦日の午前０時から午後12時までの24時間を単位としていますので，有休の申請は，遅くとも午前０時前までに行わなければなりません。仮に職員が当日の朝に有休の申請をした場合は，午前０時を過ぎており事後の申請となることから，拒否することができます。事後申請を拒否できる理由は，クリニック側がその有休の取得日の変更（時季変更権の行使）を検討する余地がなくなるためです（時季変更権の行使については，後に解説します）。

　ただし，事後の有休申請を拒否するかどうかは，クリニックの就業規則の定めによります。「突発的な傷病の欠勤など，事前に申請できないやむを得ない

専門家との連携度	レベル1	レベル2	レベル3	レベル4

有休取得日を変更せざるを得ないときは，専門家等に確認してください。

事由があると院長が認めた場合には，事後すみやかに申請を行うことにより，欠勤を年次有給休暇に振り替えることができる」など，事後申請の有休の特例規定が設けられていることがあります。院長としては，どのような場合に，事後申請でも有休を認めるのかなどの規定を整理し，運用を行うことが必要となります。

(2)　クリニック側には有休の時季変更権がある

　有休は，基本的にその申請を拒否できませんが，その取得する時季を変更させることはできます。ただし，その変更は簡単にできるものではないことを念頭に置いてください。変更は，事業の正常な運営を妨げる場合という事情がある場合に限り認められます（労働基準法第39条）。事業の正常な運営を妨げる場合とは，次のような事情です。

事業の正常な運営を妨げる主な事情
① 　シフト制により勤務管理している場合で，シフト変更の調整をしてみたが代替要員の確保ができないとき
② 　有休取得者がその日に数名重なり代替要員の確保ができないとき
③ 　有休を取得する者以外の職員では，代えがたい重要な業務をしなければならないとき
④ 　その日に研修・教育訓練の実施がある，もしくは出張業務があるとき

　上記のような事情があるときでなければ，有休の変更は認められませんので，院長は，業務が忙しいという理由だけで安易に変更を行わないように留意が必要です。この時季変更権は，使用者側に認められた権利です。

　したがって，上記の①〜④などの事情がある場合には強制的に変更できるこ

とになりますが，実務上は強制的に変更するよりも，話し合いによって変更を依頼する方法がよいと考えます。希望日に有休を取得することで，どれだけ業務に支障をきたすのか，また周囲の職員にどれだけ迷惑がかかるのかを，本人に理解してもらい，変更に応じてもらうようにすることが必要です。

(3)　職員に有休を取得するときのルールとマナーを理解してもらう

院長としては，日ごろから職員に業務繁忙時や，明らかに業務に支障をきたす日の有休の申請を避けるように指導しておくことが求められます。有休は，要件が整えば当然に取得できる性格のものではありますが，職員に「いつでも取得できるもの」と勘違いさせてはいけません。同僚同士気持ちよく有休を取得できるよう，有休を取得するときのルールとマナーを職員に理解してもらうことが大切です。

一般的には，就業規則等に有休を取得するときの申請方法（申請書の提出など），申請期限等のルールを設け，いつまでに，何を，どこへ提出するのかを定めて，職員にそのルールを徹底することが必要です。また，有休を取得するときには，同僚に迷惑がかからないよう，「代替要員の確保」「周囲に迷惑をかける度合い」「有休取得中の業務の引継ぎ」「余裕をもっての申請」などについて考慮することを，職員にあらかじめ指導してください。

(4)　有休申請期限のルールを職員に徹底させる

例として，クリニックの就業規則における有休の申請期限は，取得日の7日前までとされているにもかかわらず，前日に申請されたときの取扱いについて考えてみます。労働基準法では有休の申請期限の定めは特にありませんが，就業規則に申請期限を規定することは，合理的な範囲内である限り有効とした判例があります（此花電報電話局事件・最高裁昭和57年3月18日）。

申請期限を設ける意味は，クリニックが代替要員の確保などのため時季変更権を行使するかどうかを検討する期間ですので，合理的な理由もなく長い申請期間は無効となるおそれがあります。しかし，前日の申請では代替要員の調整が難しいこともありますので，7日前までというルールは，強制力はありませんが，実務上は必要な期間であると考えます。

　したがって，院長には，クリニックの就業規則で定める有休の申請期限を
しっかり守るように，職員に徹底することが求められます。

職員との対話実践編

病気欠勤した日を後日有休に振り替えるときのやりとり

西村さん：先生，この前風邪を引いて休んだ日は，有休として処理してもらえる
　　　　　のですよね？

近藤院長：この前の風邪で休んだ日を有休にしたいのだね。有休を取るときは，
　　　　　有休申請書を私に出してくれるかな。

西村さん：そうなんですか。風邪を引いて休んだ日でも申請書を出す必要がある
　　　　　んですね？　旅行とかに行くときだけだと思っていました。

近藤院長：本来有休というのは，どんな事情であれ，この日に有休を取りますと
　　　　　事前に申請書を出すことが必要なんだよ。事前に出してくれないと，
　　　　　クリニックは西村さんが休む期間中の仕事の調整ができないからね。
　　　　　でも，風邪を引いたときなんかは，事前に出すことはできないから，
　　　　　そういったやむを得ないときには，事後申請でも特別に有休を認めて
　　　　　いるんだ。

西村さん：わかりました。有休を取るときは申請書を事前に出す必要があるんで
　　　　　すね。風邪のときは，本来は取得できないけど特別に認めてもらって
　　　　　いるとは知りませんでした。

近藤院長：それと，うちでは遅くとも7日前までに申請書を出してもらうルール
　　　　　になっているよ。直前に出されると，仕事の調整がきかないことも
　　　　　あって，みんなに迷惑がかかることもあるだろう？

西村さん：そうですね。有休を取ることで周りに迷惑をかけたくないです。意識
　　　　　していませんでしたが，有休申請は7日前までなんですね。旅行のと
　　　　　きはもっと早くから計画しますから，有休を取るときは，前もって早
　　　　　く申請書を出すようにします。

3　寝坊で遅刻した場合の時間単位有休の振替え

Q 3

「今度の時間単位の有休は，寝坊のときに使えるね。」と職員同士が話をして
いました。寝坊の遅刻でも有休として認められるのでしょうか？

A 3

　　寝坊の遅刻を有休に振り替えることは，職場の規律を乱す原因にもなるた
め，認めるべきでないと考えます。ただし，事後に有休に振り替える取扱い
はクリニックの考え方によって定めてもかまいません。

【解説】

(1)　労働基準法の改正で時間単位の年次有給休暇が取得できる

　平成22（2010）年4月より労働基準法の改正により，これまで認められな
かった時間単位の有休が取得できるようになりました。

　仕事と生活の調和を図り仕事以外の生活の時間を確保するために，時間単位
の有休を導入することで，より有休の有効活用を図ることが改正の目的です。
ただし，この時間単位の有休の制度は，すべての事業所に法律で一律に実施さ
れるのではなく，制度導入には労使協定を締結することが要件となります。労
使協定で定める事項は次のとおりです。

時間単位有給制度において労使協定で定める事項

① 　時間単位有休を付与する対象労働者の範囲

② 　時間単位有休の日数（1年に5日以内）

③ 　時間単位有休1日の時間数

④ 　1時間以外の時間を単位とする場合は，その時間数

　したがって，時間単位の有休の労使協定が締結されていなければ，時間単位

専門家との連携度	レベル1	レベル2	**レベル3**	レベル4
時間単位有給制度を導入すべきか，専門家等に相談してください。				

での有休は取得できないことになりますので，まずは，みなさんのクリニックは，時間単位有休の制度を導入すべきかどうかを，検討してみてください。

　時間単位の有休は，取得できる日数の上限（1年に5日以内）が設けられています。例として，1日の所定勤務時間が8時間で5日分と定めた場合は，8時間×5日＝40時間が，1年間に取得できる時間単位の有休の上限となります。

(2)　寝坊による遅刻は時間単位の有休に振り替えるべきでない

　有休は，本来事前に申請する必要があることは，本章Q2でも解説しました。当日の遅刻など，事後申請の有休を認めるかどうかは，院長の判断となります。

　遅刻の理由が，「通院のため」「子どもの通学時の旗当番」「家族の介護のため」などは，あらかじめ有休の申請が可能であり，問題にはならない事案です。しかし，設問の寝坊による遅刻を有休に振り替えることは，事後申請であり，また職場の規律が乱れる原因にもなるため，認めるべきではありません。「寝坊しても有休に振り替えられる」という安易な考え方が，職場にまん延しないように，院長は，遅刻を時間単位の有休に振り替えることは，職場規律が乱れる原因になりかねないという観点をもって，規定をする必要があります。

(3)　時間単位の有休は次のことに注意する

　ここで，時間単位の有休取得について，院長として留意しなければならないことを，3つ挙げておきます。

①　時間単位の有休を1日単位へ変更すること，またはその逆もできない

　時間単位で職員が有休を請求しているにもかかわらず，1日単位に変更したり，また，1日単位を時間単位に変更することを強要することはできません。

②　時間単位の有休に制限を設けることはできない

　「①取得できない時間帯を設けること」「②所定勤務時間の途中に取得できな

いとすること」「③1日の取得時間数の制限を設けること」などの制限を設けることはできません。

③　前年度からの繰越しがある場合は，繰越分も含めて5日以内とする

　時間単位の有休の上限は，前年度の繰越分も含めて5日以内とされていますので，毎年，時間単位で取得できる有休は5日以内に限られます。例えば，5日分が時間単位として定められており，前年度からの繰越分が2日と4時間であった場合，その年は，（2日と4時間）＋5日＝7日と4時間になるということではありませんので，注意が必要です。あくまでも前年度の繰越分も含めて5日以内が，毎年時間単位で取得できる上限となります。

　時間単位の有休については，通常の有休と取扱いが異なることも多いため，誤った情報を職員に伝えてトラブルを引き起こさないように，院長のみなさんは，前もって制度に関するルールを正確に把握することが必要です。

職員との対話実践編

寝坊による遅刻を有休に振り替えたいと言ってきた職員とのやりとり

岡田さん：先生，今朝の遅刻した時間分ですが，時間単位の有休申請書を作成しましたので，よろしくお願いします。

矢野院長：今朝の遅刻？　遅刻の原因は確か……。

岡田さん：えーと，その……，寝坊です。

矢野院長：寝坊か……。有休は，基本的に事前申請だということは，岡田さんも理解してもらっているよね。

岡田さん：は，はい……。でも，病気のときなんかは，後日でも申請書を出せば有休を認めてもらっていると思いますが……。

矢野院長：確かに，病気のときとか，有休の事前申請ができないやむを得ない事情があるときは，後から申請を出してもらっても有休を認めているけど，岡田さんの寝坊はやむを得ない事情といえるだろうか？　遅刻の原因が，体調不良で病院に行ったとかだったらわからないでもないけど，そうではなかったよね？

岡田さん：はい……。ゲームをしていて夜更かししてしまいました……。

矢野院長：ゲームで夜更かしか……。正直に言ってくれたことは嬉しいよ。でもそうなると，岡田さんの今回の有休申請は認めることはできないな。そもそも時間単位の有休は，仕事以外の生活の時間を確保するためにできたものであって，遅刻時間を振り替えるためじゃないことは，岡田さんも理解してもらえるよね。寝坊で遅刻することは，社会人として一番厳しくみられるところであって，岡田さんの信用をかなり落としてしまうよ。有休に振り替えられるかどうか以前の問題だと私は考えるけど，どうだろう？

岡田さん：はい。申し訳ありませんでした。安易に時間単位の有休が使えると思っていました。自分の認識が甘かったです。寝坊で自分の信用を落とさないよう，今後は気をつけます。

4　パートタイマーの年次有給休暇

Q4

パートタイマーの職員が有休を使いたいと言ってきました。パートタイマーにも有休はあるのですか？

A4

　パートタイマーのように，通常の労働者に比べ短い時間・少ない日数で勤務している場合であっても，全労働日の８割以上出勤した労働者に対しては有休の権利が発生します。

【解説】

(1)　年次有給休暇の比例付与

　有休は，６か月間継続して勤務し，全労働日（シフト上で出勤日とされた日）の８割以上出勤した職員に対して与えなければなりません。パートタイマー等の職員で，週の所定労働時間が30時間未満である場合に付与する有休の

図表 9-3 ▶ 有休の比例付与

週所定労働時間数	週所定労働日数	１年間の所定労働日数	勤続年数						
			６か月	１年６か月	２年６か月	３年６か月	４年６か月	５年６か月	６年６か月以上
30時間以上			10日	11日	12日	14日	16日	18日	20日
30時間未満	５日以上	217日〜							
	４日	169日〜216日	7日	8日	9日	10日	12日	13日	15日
	３日	121日〜168日	5日	6日	6日	8日	9日	10日	11日
	２日	73日〜120日	3日	4日	4日	5日	6日	6日	7日
	１日	48日〜72日	1日	2日	2日	2日	3日	3日	3日

専門家との連携度	レベル1	**レベル2**	レベル3	レベル4

パートタイマーの有休については，専門家等に相談してください。

ことを「年次有給休暇の比例付与」といいます。比例付与される有休の日数は前ページの表のとおりとなります。

(2)　パートタイマーの有休の賃金計算方法

　有休期間中の賃金は，①平均賃金，②通常の賃金，③標準報酬日額のうち，クリニックがあらかじめ定めた方法で計算します。①と②は就業規則等で，③の場合は労使協定を締結したうえで，就業規則等によって定める必要があります。

　パートタイマーの場合は，必ずしも毎日同じ時間に出勤して退勤するわけではなく，日によって変則的な勤務形態をとっている人も多いと思います。このような場合でも，有休期間中の賃金は，基本的には，労働条件通知書で明示した始業時刻および終業時刻を基準として，計算することになります。

　ただし，時給制のパートタイマーで1日の所定労働時間が定まっていない人や，曜日によって所定労働時間が変わる人の場合には，通常の賃金に基づいて支払うと有休の取得日によって不公平が生じてしまうため，平均賃金に基づく方法が適しているといえます。

1 POINT　ワンポイント解説　◆◇平均賃金◇◆

　「平均賃金」とは，固有名詞であり，労働基準法第12条において，その計算方法が定められています。
　①　直近3か月間の賃金総額÷直近3か月間の総暦日数
　②　直近3か月間の賃金総額÷直近3か月間の出勤日数×60％
　※①または②のいずれか高い金額

(3)　有給休暇取得日の通勤費

　通勤費を実際に出勤した日に応じて支払うこととしている場合，有休取得日に通勤費を支払う必要はありません。ただし，通勤費は実際に出勤した日についてのみ支給するといった，支給基準があらかじめ明確にされている場合に限ります。

　労働基準法附則第136条では，有休を取得したことを理由として労働者に不利益な取扱いをしてはならない，と定められています。しかし，通勤費は実費弁償的な性格なものであり，有休を取得したために通勤費が支払われなかったとしても，実際に通勤費はかかっていませんので，不利益な取扱いとはなりません。

(4)　経営全体としてのバランス

　経営的にみれば，パートタイマーへの有休付与は労働コストのアップに直結します。これに対する生産性の向上策として，業務処理方法の見直し，業務の改善，業務のマニュアル化，人員の再配置（業務量に見合った配置），職員教育の実施などを有休付与とあわせて検討するとよいでしょう。

　パートタイマーの有休については，法律で定められているにもかかわらず，現時点においては，実際に付与し，取得できる環境が整備されているクリニックは，多いとは言えません。しかしながら，パートタイマーへの有休をはっきりと明示し，実際に取得できている実績をつくれば，働きやすい職場となり，良いパートタイマーが定着するでしょう。クリニックの評判も良くなり，職員募集の際にも大きな強みとなります。

 **ワンポイント解説**　　◆◇年次有給休暇の時季指定義務◇◆

　労働基準法の改正によって平成31（2019）年4月より，年10日以上有休の権利がある職員に対して，最低でも年5日以上は有休を取得させることが義務づけられました。対象職員1人につき30万円以下の罰金という罰則規定も設けられています。この対象職員にはパートタイマーも含まれます。対象職員が年5日以上の有休を取得しなかったときは，クリニックが法違反を問われるおそれもありますので，注意が必要です。

職員との対話実践編

有休の取得を希望するパート職員とのやりとり

田中さん：院長，前のクリニックでは，パートにも有給休暇があったんですが，ここではどうなっているんですか？

近藤院長：うちでは，もともと休みの希望を聞いてシフトを組んでるんだから，とくにルールはないね。

田中さん：インターネットでも調べましたが，法律上有給休暇があるはずです。

近藤院長：そうなの？　でも，だからといってシフトが入っている日に休みたいと言われても業務が回らなくなるよ。ちょっと専門家の先生に聞いてみるよ。

《社会保険労務士に電話して》

近藤院長：パートの田中さんが有休をとりたいと言ってるんだけど，どうしたらいいかな？　パートは時給計算だから有休は与えなくていいよね。

社労士　：院長，実はですね，パートさんでも，6か月以上勤務した方には一定の有給休暇が発生します。ただ，日数は所定労働日数によって決まるので，常勤と同じではありません。たとえば，月，水，金の週3日勤務の場合は，6か月経過した時点で5日の権利が発生します。

近藤院長：そうなの？　それって法律で決まってるの？

社労士　：はい，法律で定められています。院長がいくら「パートに有給休暇は与えない」と言っても，要件を満たせば取得する権利が認められているんです。

近藤院長：そうなのか，それは知らなかったな。それで，いくら払えばいいん

だ？

社労士　：就業規則で定めた方法により計算します。労基法上の「平均賃金」か，本来勤務すべきだった時間分を「通常の賃金」として支給するのが妥当でしょう。

近藤院長：別に8時間分というわけじゃないんだな。

社労士　：はい。1日の労働時間が4時間の方であれば4時間分を支払うこととなります。クリニックでは，パートさんも重要な戦力です。たまには，リフレッシュしてもらったらいかがですか。ゆとりある生活の実現は，「働き方改革」の趣旨でもあります。

近藤院長：確かにうちのパートは，みんな小さい子どもをかかえて頑張ってるし，気兼ねなく休んでもらえるようにしようか。

《電話を切った後》

近藤院長：田中さん，さっきの話だけど，ちょっと時間大丈夫？

田中さん：はい。

近藤院長：パートにもちゃんと有休はあるんだね。今後は，就業規則に取扱いを定めておくよ。決まったら，職員に周知するよ。

田中さん：わかりました。早速なんですが，来月に子どもの授業参観がありまして，有給休暇を使わせていただきたいのですが。

近藤院長：もちろん構わないよ。こうやって前もって申し出てくれれば，勤務調整もできるから大丈夫だよ。

田中さん：ありがとうございます。

妊娠・出産・育児

 1　つわりで無断欠勤する職員への対応

Q1

職員が無断欠勤し，後日，つわりのためだったと連絡がありました。本人は働けると言っていますが，勤務中ほとんど動けなかったり，突発的な欠勤があったりして，業務に支障が出て困っています。

A1

　まず，現在の状態と今後どのような状況が想定されるかについて，職員と話し合ってください。その上で，院内の事情に対する理解を促し，この先の働き方については，院長としてサポートを行ってください。

【解説】

(1) 職場環境づくりが重要

　クリニックは，職員の多くが女性です。院長としては，設問のような事例も起こり得ることを想定し，妊娠・出産・育児にまつわる諸制度についてしっかりと理解しておく必要があります。

　職員から妊娠の報告を受けた場合，いきなり仕事をどうするつもりなのかをしつこく聞くことはあまり好ましくありません。妊娠した職員もクリニックに迷惑をかけるのではないか，いい顔をされないのではないかという気持ちを抱えています。まずは，新しい命の誕生を素直に喜んであげることで，職員の気持ちを楽にさせ，話しやすい環境を作ることが必要です。妊娠初期は特に，出血や腹痛，つわりがあったり，精神的にも不安定になりがちです。体調の変化に気を配りながら，今後の方針について話し合うとよいでしょう。個人差はありますが，立ち仕事がつらかったり，においに敏感になったり，重い物を持ちたくなくても，本人は気兼ねして言い出せないこともあります。同僚職員が理解を示して協力できる体制を整えておくためには，日ごろからの妊娠をサポートする職場環境づくりが重要となります。

　また，今回の設問のように，たとえ原因が妊娠・出産・育児に関することであっても，無断欠勤などの不適切な行為がある場合は，しっかりと指導して，働き方について話し合いましょう。妊娠中ならば何でも許されるという意識を持たせないことも必要です。

(2)　妊娠中の職員に関する措置

　妊娠中の職員から申し出があった場合は，次のような措置を講ずる必要があります。また，職員から，「母性健康管理指導事項連絡カード」を提出されることがあります。このカードは，妊娠中および出産後の女性職員が，主治医等から受けた指導事項および必要な措置を事業主が正確に知るためのものです。職員からこのカードが提出された場合，院長は記載内容に応じた適切な措置を講じる必要があります。

専門家との連携度	レベル1	レベル2	レベル3	レベル4

妊産婦の取扱いについては，専門家に相談のうえ，対応してください。

妊娠期間中に講ずる措置

① 保健指導または健康診査のための時間の確保

② 妊娠中の通勤緩和（ラッシュアワーを避ける等）

③ 妊娠中の休憩に関する措置

④ 医師等からの指導事項を守ることができるようにするための措置

⑤ 軽易業務への転換（新たに業務を創設する必要まではない）

⑥ 危険有害業務の就業制限

⑦ 時間外，休日労働，深夜業の制限，変形労働時間制の適用制限

(3) 代替要員の確保等

　妊娠した職員が産休や育休を取得する場合，その間の体制づくりが問題となります。他の職員で穴埋めできれば問題ないでしょうが，多くの場合，人手不足に陥ります。対応としては，パートタイマーの勤務時間数を増やす，この先における他の職員の状況も考慮して増員をするなどの方法が考えられます。

　また，職員が休業している期間だけ労働者派遣を利用することもできます。看護師の医療現場への派遣は原則禁止されていますが，育児休業中の代替要員ということであれば例外として認められています。

(4) 不利益取扱いの禁止

　職員が婚姻，妊娠，出産等をしたことならびに育児休業等の申し出をしたことまたは取得等を理由として，職員に対し解雇その他不利益な取扱いをしてはいけません。例えば次に掲げるものが該当します。

禁止されている不利益取扱いの例

① 解雇すること

② 期間を定めて雇用される者について，契約の更新をしないこと

③ あらかじめ契約の更新回数の上限が明示されている場合に，当該回数を引き下げること

④ 退職または労働契約内容の変更の強要を行うこと

⑤ 自宅待機を命ずること

⑥ 労働者が希望する期間を超えて，その意に反して所定外労働の制限，時間外労働の制限，深夜業の制限または所定労働時間の短縮措置等を適用すること

⑦ 降格させること

⑧ 減給をし，または賞与等において不利益な算定を行うこと

⑨ 昇進・昇格の人事考課において不利益な評価を行うこと

⑩ 不利益な配置の変更を行うこと

⑪ 就業環境を害すること

職員との対話実践編

つわりを理由に無断欠勤をした職員とのやりとり

矢野院長：昨日はどうしたの？

中村さん：はい，すみません。実は私，妊娠していまして，1週間くらい前からつわりがひどいんです。

矢野院長：そうだったのか。それはおめでとう。でも，電話しても出ないから心配したよ。

中村さん：はい。

矢野院長：うちは規模が小さいから看護師も中村さん以外に2人しかいない。3人でシフトを組んで勤務してもらっているのだから，中村さんが休むと診療に影響が出るのはわかるよね。体調が悪くて休むことは仕方ないけれど，連絡してくれなきゃ。無断欠勤になると，他の看護師さん

たちに負担がかかってしまうね。つらいのはわかるけど，昨日は電話
くらいできたでしょ？

中村さん：これからは大丈夫です。働けます。

矢野院長：働けるということは，しっかりと労働を提供できるってことだよ。今
の状況ではそうとは言えないね。他の職員から少し聞いたんだけど，
最近は出勤していても調子が悪そうで，座って休んでいることが多い
んだって？

中村さん：はい……。どうしたらいいんでしょうか。

矢野院長：つわりの度合いは個人差もあるから，何とも言えないけれども，体調
を第一に考えて，仕事をセーブして様子をみてもいいよ。

中村さん：そうですね，休むってわかっていたほうが，みなさんにも迷惑かけな
いですし。つわりが落ち着くまでは勤務時間を減らしてもらうか，お
休みさせていただいてもいいでしょうか？

矢野院長：構わないよ。あまりつわりがひどいようなら，産婦人科を受診してく
るといいよ。場合によっては点滴してくれるし，就業が困難であれば
その旨を「母性健康管理指導事項連絡カード」に書いてもらって提出
してくれるかな。主治医の先生が認めてくれれば，休んでいても傷病
手当金がもらえるから，手続については社労士に確認しておくよ。

中村さん：ありがとうございます。健診まで我慢しようと思っていましたが，一
度受診してきます。

矢野院長：そうだね，それでまた報告してくれるかな。

中村さん：はい，わかりました。

2　出産を控え休業を申し出た職員への対応

*Q*2

3か月後に出産を控えた職員から，休みたいと申し出がありました。当院は規模が小さく，休まれると業務が回りませんので，拒否できますか？

*A*2

職員から休みたいと申し出があった場合には，拒否することはできません。産前・産後および，原則として子が1歳に達するまでの間は，休業制度が各種法律により定められています。労働者の労務の提供義務は消滅し，事業の繁忙や経営上の理由等により事業主が労働者の休業を妨げることはできません。

【解説】

(1)　産前産後休業と育児休業

出産・育児に関する休業には，労働基準法による産前産後休業と育児介護休業法による育児休業があります。これらの休業を取得する権利は，パート職員であっても認められています。それぞれの休業の違いは次のとおりです。なお，出産日当日は，産前休業に含まれます。

1POINT　ワンポイント解説

◆◇育児休業の申し出を拒むことができる場合◇◆

育児休業は，原則全ての職員が取得可能です。例外として，労使協定を締結することにより，以下の職員については，申し出を拒むことができます。
① 入社1年未満の職員
② 申し出の日から1年以内に雇用契約が終了することが明らかな職員
③ 1週間の所定労働日数が2日以下の職員

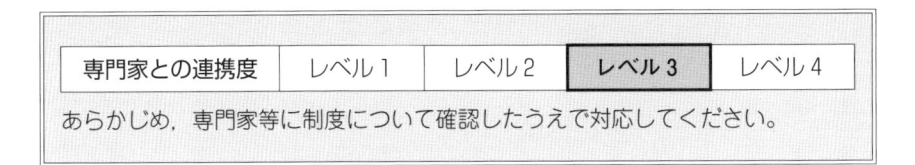

専門家との連携度	レベル1	レベル2	**レベル3**	レベル4
あらかじめ，専門家等に制度について確認したうえで対応してください。				

図表10-1 ▶ 産前産後休業と育児休業

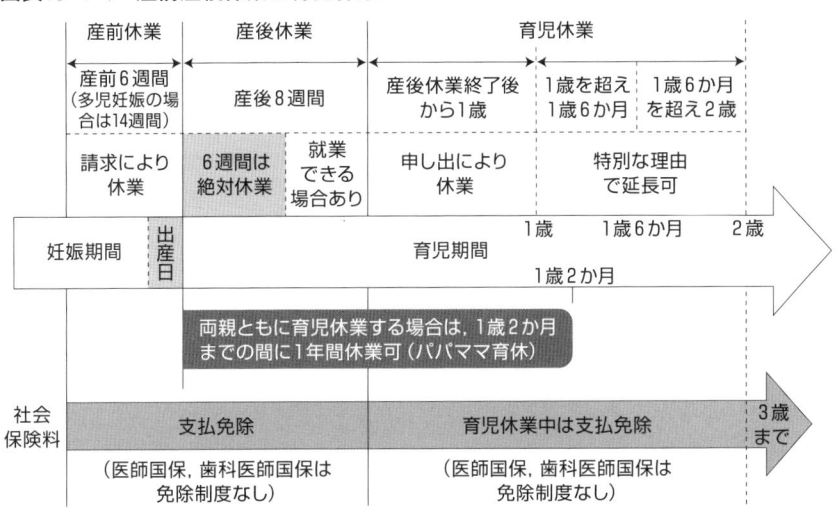

※実際の出産日が予定日より遅れた場合には，その遅れた期間も産前に含まれます。
※特別な理由（保育園に入所できないこと，配偶者の死亡等）については，その証明書が必要です。

　休業の期間・その取扱いについては書面で明示しなければなりません。あわせて途中で状況が変わった場合の連絡方法等も記載しておくとよいでしょう。

(2)　休業中の経済的支援制度

　職員が産前産後休業から引き続き育児休業を取得した場合において，育児休業期間中の賃金は無給とされているときは，給与の支払いのない期間が数か月から1年間程度続きます。この期間については，職員への生活支援として，健康保険や雇用保険からの給付があります。

　また，休業中の職員の社会保険料が免除になる制度は，クリニックにもメ

リットがあります。これらの各種制度は，所定の手続きを期日内にしなければなりませんので，専門家にご相談ください。

図表10-2 ▶ 出産にまつわる支援制度など

制度等	内　容
出産手当金 （健康保険）	被保険者が出産した場合，産前産後休業期間中の給与の補填として，欠勤1日につき標準報酬日額の3分の2が支給されます。
健康保険・厚生年金保険料の免除 （健康保険・厚生年金）	被保険者の休業期間中の，健康保険料・厚生年金保険料が免除になります。なお，医師国民健康保険組合の場合には，免除制度はありません。
育児休業給付金 （雇用保険）	雇用保険の被保険者が育児休業をした場合，原則として，休業開始時賃金日額×30日間×50%が支給されます。（育児休業開始から6か月経過前は×67%）

（平成30年8月現在）

(3)　社会保険料等の取扱い

　休業中の賃金を無給とした場合，医師国保料や特別徴収住民税は，休業を開始することにより，給与から天引きできなくなります。これらの費用をどのように徴収するかは，休みに入る前に職員本人と話し合っておくのが望ましいでしょう。

　また，「養育期間の従前標準報酬月額のみなし措置」により，3歳までの育児による短時間勤務などで標準報酬月額が低下した場合であっても，休業前の標準報酬月額に基づく年金額を受け取ることができます。

　次世代の育成支援を目的としたみなし措置は，申請しなければ受けられない特例措置ですので，該当する場合にはぜひ活用しましょう。

職員との対話実践編

出産を控えた職員とのやりとり

鈴木さん：院長，今少しお時間いいですか？　今後のことでご相談があります。

矢野院長：大丈夫だよ。どうかしたかい？

鈴木さん：昨日妊婦健診に行って来ました。院長をはじめ，みなさんのおかげで
お腹の子も元気に育って，妊娠26週になりました。体調も良好で，楽
しく仕事もさせてもらっています。

矢野院長：そうか，それはよかった。

鈴木さん：以前に申し上げたとおり，私は出産後もお仕事を続けたいと思ってい
ます。そこで，大変申し上げにくいのですが，産休や育休は取ること
ができますか。

矢野院長：もちろん大丈夫だよ。産前は働けるところまで働いてもらってもいい
のだけど，予定日の6週間前から休むのが一般的かな。もちろん無理
しないで，体調次第ではもっと早くお休みに入ってもらってもいいよ。

鈴木さん：ありがとうございます。でしたら，予定日の6週間前からお休みに入
らせてもらいたいと思います。

矢野院長：うん，わかった。ところで，育休のほうはどのくらいを考えているの
かな。

鈴木さん：そうですね，できたら来年の3月末まで約半年間取りたいと考えてい
ます。その後は保育園に入れて働きたいと思います。

矢野院長：半年で大丈夫なの？

鈴木さん：はい。ちょうど年度代わりのほうが保育園に入りやすいでしょうし，
主人や実家の両親が協力してくれると言っています。私があまり長く
休むとみなさんの負担が大きくなりますし。

矢野院長：ありがとう。クリニックや他の職員のことを考えてくれて助かるよ。
私もできる限り希望にそえるようにするから，体調に気をつけてね。
あと，休業中の厚生年金保険料は免除になるけど，医師国保の保険料
と住民税は，給与天引きできなくなるから，そういった金額について
はまた計算して通知するよ。

鈴木さん：そういうこともあるんですね，全然知りませんでした。でも，前もっ
てわかっていれば慌てず用意できます。お手数をお掛けしますが，よ
ろしくお願いします。

3 子の看護休暇を突然申請する職員への対応

Q3

当日の朝に「子どもが熱を出したので今日は休みます。」と,突然休みを取る職員がいて困ります。次回から認めないのは問題ありますか?

A3

子の看護休暇は,当日の朝に申し出があった場合でも認めなければなりません。したがって,次回から認めないとすることはできません。突発的な休みに備えて,日ごろより業務が滞らない体制をつくっておくことが必要です。

【解説】

(1) 子の看護休暇は当日朝の電話連絡でも認める

当日の朝に職員から突然休む連絡が入ることは,院長としては非常に困ります。しかし,育児休業法の通達では,「子の看護休暇の利用は緊急を要することが多いことから,子の看護休暇として当日の電話などの口頭での申し出でも認めなければならない」と定めています(職発第1228001号・雇児発第1228002号・平成16年12月28日)。院長は,職員から当日の朝の看護休暇の申し出を誤って拒否しないよう,育児休業法で定める子の看護休暇はどういうものかについて,あらかじめ理解しておく必要があります。

一方で,子の看護休暇を取得することができない職員が,同様の理由で休みを取った場合の休んだ日の取扱いについては,子の看護休暇ではなく欠勤扱いとなりますので注意が必要です。

専門家との連携度	レベル1	レベル2	レベル3	レベル4

子の看護休暇制度について，専門家に確認することが必要です。

 ワンポイント解説　◆◇子の看護休暇制度◇◆

　次に掲げられている事項に該当する職員から，子の看護休暇として申し出があった場合には，拒否することはできません。院長としては，次の①～⑤についてしっかり理解しておく必要があります。

① 　小学校就学前の子を養育する職員は，クリニックに申し出ることにより，1年度につき5日，2人以上の子がいる場合は10日分の子の看護休暇を取得することができる

② 　次の者について，労使協定で対象外と定めている場合には，子の看護休暇の申し出はできない
　a） 入社6か月未満の者
　b） 1週間の所定労働日数が2日以下の者

③ 　子の看護休暇として認められる事由（証明書類を求めることは可）
　a） 負傷，疾病にかかった子の世話
　b） 子の予防接種，健康診断の受診

④ 　子の看護休暇の申し出は，業務の繁忙等を理由に拒否はできず，クリニックに取得日を変更させる権限も認められていない

⑤ 　子の看護休暇の賃金は，無給としてもよい

(2)　突然の休みに対応できる業務体制をつくる

　院長は，職員から突然の休みの連絡があった場合でも，円滑な業務運営を行うために，多面的な対策を講じておく必要があります。突然の休みに対応できる業務体制の一例としては，次のようなものがあります。特に，育児をしながらの就業には，同僚の理解・協力が必要ですので，職場内での理解・協力の促進を図ってください。子の急な発熱などによる遅刻，早退や欠勤，保育園の時間との兼ね合いから遅い時間帯の勤務ができない，残業ができない，土曜日・

日曜日・祝日などの出勤が難しくなる，といった問題が生じることも想定されます。日ごろから職場全体への働きかけや，助け合う風土づくりが必要です。

> **職員の突然の休みに対応できる業務体制**
> ① ある特定の職員でなければできない仕事を作らない
> ② チーム制で業務を遂行する
> ③ 常に代替できるよう業務内容を数名で把握する
> ④ 子どもの体調がすぐれないときは，早めに情報提供してもらう
> ⑤ 突然の休みには，お互い様という意識で協力する雰囲気づくりをする

(3) 育児期間中の各種制度

　子の看護休暇の他にも，育児介護休業法によって，育児期間中の職員が利用できる各種制度が定められています。申し出があった場合は，原則拒むことができません。ただし，労使協定によって対象となる職員を限定することができる場合もあります。職員から相談がありましたら，専門家に相談のうえ対応をしてください。

図表10-3 ▶ 育児期間の各種制度

制度等	利用できる職員
育児短時間勤務	3歳未満の子を養育する職員
所定外労働の免除	3歳未満の子を養育する職員
時間外労働の制限	小学校就学前の子を養育する職員
子の看護休暇	小学校就学前の子を養育する職員
深夜業の制限	小学校就学前の子を養育する職員

　また，近年の少子高齢化社会において，介護問題も職員の生活に大きな影響を及ぼしており，家族の介護によって，離職を余儀なくされているケースが増えています。育児介護休業法は，度々改正されており，介護休暇や介護休業，労働時間の短縮などの制度も徐々に拡充されています。雇用保険の被保険者が

一定の要件で休業をした場合には，申請により「介護休業給付金」を受給でき
る制度も設けられています。

　今後は，職員のために仕事と育児・介護の両立をすすめることが，人材確保
のうえでもさらに重要になります。

職員との対話実践編

子どもの看病のために休みたいという職員とのやりとり

三上さん：（電話にて）先生，すみませんが，まだ子どもの熱が下がらないので，
　　　　　今日も引き続き，お休みさせてもらってよろしいでしょうか？

近藤院長：そうですか……。お子さんの熱，まだ下がらないのは心配だね。三上
　　　　　さんがいない間，鈴木さんに対応してもらったんだけど，やっぱり
　　　　　ちょっと困っていたよ。

三上さん：ご迷惑をおかけして，すみません。明日はたぶん出勤できると思いま
　　　　　すので，よろしくお願いします。今日も子の看護休暇を使わせても
　　　　　らっていいですか？

近藤院長：昨日と今日は，子の看護休暇だね。わかりました。前にも子の看護休
　　　　　暇を取っていたと思うけど，三上さんの場合，子の看護休暇は5日だ
　　　　　ね。これまでに5日取っていないよね？

三上さん：これまで何日取ったかは，ちょっと記憶がないのですが……。

近藤院長：これまで出してもらった休暇申請書を確認しておくよ。これまでに5
　　　　　日取っていたら6日目からは欠勤扱いになるから，その点はよろしく
　　　　　頼むよ。それと仕事の情報が共有できていないのは，私が指示を出し
　　　　　ていないから私の責任なんだけど，今後のことを考えて，三上さんが
　　　　　休みのときに鈴木さんが対応できるように，薬や患者さんの情報を鈴
　　　　　木さんと共有してくれないか。そのことは鈴木さんにも伝えておくよ。
　　　　　そのほうが三上さんも安心して休めると思うし，お互い様の部分もあ
　　　　　るからね。

三上さん：はい，わかりました。今後も突然のお休みでご迷惑をおかけするかも
　　　　　しれませんので，鈴木さんとは仕事の状況を共有するようにします。
　　　　　今日はよろしくお願いします。

第11章

人事評価

1　人事評価に抵抗を示す職員への対応

Q1

人事評価制度を始めたばかりです。職員から「人事評価は，何のために行うのですか？」と聞かれました。どのように答えればよいでしょうか？

A1

　人事評価は，主に①人財育成，②公正な処遇，③適材適所，④理念・方針の浸透などのために行います。職員には，この4つを説明すると同時に，その真の意義は，職員の伸ばすべき強みや克服すべき課題を見つけ，今後の職員の成長に向けて，院長と職員との間で共有することであることを伝えてください。

【解説】

(1)　院長と職員との間で，職員の強みと克服すべき課題を共有する

　人事評価制度が始まったばかりだと，評価者となる院長も人事評価が初めての経験となり，戸惑うことも多いと思います。まずは，院長自身が人事評価の

真の意義を深く理解し，職員に対し自信を持って対応することが大切です。

　人事評価は，職員の能力や職務行動または成果などの棚卸しの機会です。その主な目的は，①人財育成，②公正な処遇（昇給・賞与など），③適材適所（適正配置），④理念・方針の浸透の4つです。

　その真の意義とは，1人ひとりの職員の伸ばすべき強みや克服すべき課題を見つけ，次期にどんなことに取り組んでいけばよいかを明確にし，院長と職員との間で共有することにあります。

(2)　人事評価の真の意義が理解されないと，問題行動が発生する

　人事評価の真の意義がきちんと理解されていないと，クリニック側が自分たちを監視するためのツールだというように誤解する職員や，人事評価に対して感情的に抵抗する職員が出てくるおそれがあります。また，場合によっては，自分の評価を良くしたいと思うあまりに，院長にこびを売るようになったり，院長の前でだけ挨拶の声を大きくするなど，目立った行動をとるようになることがあります。さらに，仕事で失敗して評価を下げられるのをおそれて，新しいことへのチャレンジを控えたり，行動が消極的になる職員が出てくることも懸念されます。

(3)　課題を共有することで職員の指導・育成がしやすくなる

　職員が取り組む課題を院長と職員との両者で共有することによって，院長は自分の仕事をしながらも，職員の仕事の管理や指導・育成がしやすくなります。何より職員の成長に向けた支援がやりやすくなり，効果的なOJTにつなげることができます。同時に，職員本人も自分が何をやれば良いかが明確になり，次期に向けて大いに動機づけられます。

　人事評価というと，ついつい給与や賞与などの処遇への反映という点に関心が集まりがちですが，それはあくまでも二次的な活用目的に過ぎません。最も大切なのは，職員の成長と効果的な組織運営につなげるという点です。

(4)　人事評価は公正に行う

　院長自身も，人事評価の真の意義に照らし，職員1人ひとりに対して，公正

専門家との連携度	レベル1	レベル2	レベル3	レベル4

人事評価制度を導入する際は，考え方を整理したうえで，専門家等と連携して制度を構築し，職員の理解を促してください。

な評価を行うことが求められます。間違っても「これをやってくれないなら，評価を下げるぞ」などと脅しの道具に使ったり，逆に「これをやってくれたら，評価を上げるぞ」などと，評価で職員を釣るようなことがあってはなりません。

　公正な評価を行うには，以下のような評価エラーに陥らないよう，あくまでも行動事実に基づいて客観的に評価する必要があります。

評価者が陥りやすい代表的な評価エラー

［ハロー効果］
　印象深いエピソードや全体のイメージに惑わされ，他の部分も引きずられて評価をしてしまうエラー

［中心化傾向］
　極端な評価を避け，無意識のうちに真ん中（可もなく不可もない）の評価に集中してしまうエラー

［極端化傾向］
　真ん中の評価を避け，○か×のどちらかで評価してしまうエラー

［寛大化／厳格化傾向］
　個人的な感情や好き嫌いで，温情的に甘くつけたり，逆に辛くつけたりするエラー

［逆算化傾向］
　賞与などの処遇への反映結果をあらかじめ想定し，総合評価（例．AやB）を決めてから，それに合わせて個々の評価項目を評価するエラー

［対比誤差］
　自分（評価者自身）を基準におき，その比較で評価するエラー

[論理誤差]
　評価者が頭の中で理屈をこねて判断してしまうエラー

職員との対話実践編

人事評価のことを聞いてきた職員とのやりとり

沢田さん：うちのクリニックで新しく人事評価が始まりましたが，これは，何の
　　　　　ために行うのですか？

矢野院長：人事評価には，主に①人財育成，②公正な処遇，③適材適所の配置，
　　　　　それに，④理念や方針の浸透の4つの目的があるんだ。

沢田さん：はあ，そうなんですね。（納得していない）

矢野院長：そんなふうにいうとわかりにくいかもしれないけど，要するに，職員
　　　　　1人ひとりの仕事ぶりや成果などを定期的に振り返って，良かった点，
　　　　　課題となる点を明らかにすること，それをもとに今から何に取り組む
　　　　　か共有することが最も重要なんだ。

沢田さん：共有することが大事なのですか？

矢野院長：そうだよ。沢田さんがどんな課題に取り組むかについて，お互いに理
　　　　　解していれば，私も支援しやすいしね。また，沢田さんも目標が明確
　　　　　になって自分の成長に向けて取り組みやすくなるでしょ。沢田さんの
　　　　　成長は，長い目で見てクリニックの成長に欠かせないからね。

沢田さん：でも，結局，人事評価は賞与を決めるためのものではないんですか？

矢野院長：確かに，評価結果は賞与にも反映されるね。これは職員を公正に処遇
　　　　　するためには欠かせないよ。でも，もっと大事なのは，沢田さんがこ
　　　　　れから取り組む課題を共有して，今後の成長につなげることなんだ。
　　　　　長い目で見てこの課題をクリアすれば沢田さんの評価が高くなって，
　　　　　結果として処遇面でも報われることになると思わないかい？

沢田さん：なるほど。あまり目先ばかりにとらわれずに，少し先の自分の成長に
　　　　　向けて頑張れば良いわけですね。そうすることで，結果的に処遇面で
　　　　　も報われるということですね。

矢野院長：そうだよ。ぜひ成長実感が持てるよう，仕事に取り組んでいこう。

2　人事評価に納得がいかない職員への対応

$Q2$

職員から「自己評価でＡとつけたのに，総合判定はなぜＢなんですか？」と
詰め寄られました。やる気をなくさないように説明するには？

$A2$

　　人事評価における総合判定は結果に過ぎません。ＡかＢかを言い合うので
はなく，評価項目の１つひとつについて院長としてどう判断したのか，その
理由を具体的な行動事実に基づいて説明してください。

【解説】

(1)　人事評価の基本的な流れは２つのステップに分かれる

　人事評価は，通常，次の２つのステップに分かれます。

> **Step 1　評価項目ごとの評価**
> 　『チームワーク』や『患者対応』など，評価項目１つひとつに対して，
> 　５段階法などを用いて評価点を付けます（「5.4.3.2.1」など）。
> **Step 2　総合判定（評語の算定）**
> 　評価項目ごとの評価点を集計し，その集計結果に基づいて評語を算定す
> 　る総合判定を行います（「Ａ.Ｂ.Ｃ」「優，良，可」など）。

　この設問のクリニックは，院長が評価を行う前に本人による自己評価からス
タートしています。また，自己評価した結果をもとに職員自身が総合判定まで
計算できるようになっています。少し進んだ人事評価の取組みがなされている
クリニックです。実際には人事評価のしくみや流れについて，どこまでオープ
ンになっているか，人事評価でどんな取組みをしているか（自己評価の有無な
ど）は，クリニックによってまちまちです。

　いずれにせよ，人事評価を行っているクリニックでは，上記の Step 1, 2 を必ず踏むことになります。したがって，この設問に似たような状況は，どこのクリニックでも起こり得るものです。

(2)　総合判定で言い争うことは避け，行動事実をもとに話し合う

　人事評価結果を給与改定（昇給）や賞与などの処遇に反映させる場合には，Step 2 で算出された総合判定の評語（「A，B，C」や「優良可」など）が使われます。職員にとって総合判定が最も気になるのは，無理もありません。

　しかしながら，総合判定は個々の評価結果を集計・調整して算出するものです。この結果をもとにAかBかと職員と言い争っても，らちがあきません。職員の納得を得るには，Step 1 の「評価項目ごとの評価」の段階で，どのような行動事実を根拠にどう判断したかを伝えることが最も重要です。

(3)　総合判定は必ずしも個別の評価結果どおりにはならない

　処遇に反映する総合判定を最終決定する際，評価の集計結果をそのまま用いず，全職員の評価点の分布状況や部門別の分布状況（評価のバラつき）を見て，相対分布や職種別調整を行って決定するクリニックがあります。このようなクリニックで職員に総合判定のフィードバックを行う場合は，全体のバランスで最終決定された評語を本人に伝えることになります。

　院長としては，どのようなプロセスを経て評価の最終決定に至ったかについて確認したうえでフィードバックに臨む必要があります。個別評価のままなら「A」になるにもかかわらず，全体のバランスを考慮した最終総合判定が「B」ということもあり得るからです。

 ワンポイント解説　◆◇相対分布◇◆

　あらかじめ評語ごとに一定割合を決めておき（ex.「A」は全職員の10%，「B」は60%など），この割合をもとに上位の高得点獲得者から順に評語を決めることを，相対分布といいます。

　給与改定や賞与のしくみにもよりますが，それらの原資（予算）をコントロー

専門家との連携度	レベル1	レベル2	レベル3	レベル4
総合判定の決定プロセスを確認したうえで，即座に職員と対話してください。				

ルするためによく行われます。ただし，クリニックの場合は，相対分布を行おうにも人数が少ないため厳密に行うことは現実的ではなく，最後には院長の経営的な判断によって行われることもあります。

⑷　評価対象期間を通して職員を観察し，記録を残す

　人事評価には，通常半年から1年程度の評価対象期間が決められています。評価対象期間が終了したころに，評価シートを作成します。このタイミングで初めて職員の半年間なりを振り返るようでは，適正な評価はできないと考えたほうがよいでしょう。よほど印象に残るできごとがあれば別ですが，院長も日々診療その他経営者としての業務をこなしているわけですから，職員1人ひとりのしていたことを思い出すのは至難のわざです。これでは評価エラーも起こしやすく，具体的なフィードバックもできません。

　このようなことを解消するには，評価対象期間中，職員ごとに観察メモ（随時，行動事実を記録）を作成しておき，褒めたり，指導したりしたつど，その記録を残しておくことです。つど記録を残すのは面倒ですが，習慣化させることが大切です。記録を残しておくと，いざ評価シートを作成するときも億劫になることなく評価できます。何といっても院長自身がとても楽になれます。記録があれば，フィードバックするときに具体的な話として，職員に説得力をもって伝えることができます。

職員との対話実践編

人事評価に納得のいかない職員とのやりとり

《フィードバック面談の冒頭，総合判定を伝えた後に》

伊藤さん：自己評価ではAなのに，院長はなぜBなんですか？　今回の評価は自信があったのに，残念です。

矢野院長：伊藤さんは自分でも総合判定を出しているので，人事評価に2つのステップがあることは理解しているよね？　まず評価項目ごとに評価点を付けること，次いでその評価点を集計して総合判定を行い，S・A・B・C・Dを算出すること。

伊藤さん：はい，もちろんです。今回は，自己評価ではAになったのに，最終結果がBなので，納得がいきません。

矢野院長：伊藤さんは，最終の総合判定がBということに納得がいかないんだ？わかった。でも，少し考えてもらいたいんだけど，AとかBとかの評価は結果だよね。ルールでは評価点を集計した結果の総合点数が70点以上ならAで，55点以上70点未満ならBということになっているね。今回，伊藤さんの自己評価の総合点数は71点で，結果的な最終評価点数は69点。ルールに従えばAとBに分かれるよね？　ここで大事なのは合計点ではなくて，1つひとつの評価項目に対して，お互いに何を根拠にどんな評価を行ったのか，そこにお互いが見過ごしているズレなどがないか，ということだと思うんだけど，どうかな？

伊藤さん：ルールは十分承知しています。そのルールに従って計算したら，今回初めてAになったので，嬉しくて，嬉しくて……。その反動もあって，Bと言われたのがとてもショックです。どこにズレがあるのか，とても気になります。

矢野院長：じゃあ，1つずつ話し合おう。まず「患者対応」について……（略）。（評価観察メモを見ながら，具体的に説明していく。）

第12章

給与・賞与

1 給料が少ないと不満を言う職員への対応

*Q*1

他のクリニックと比較して，「お給料が安いから辞めたい」と言ってきました。

*A*1

職員と話し合いの場を持ち，まずは，自院の給与体系を説明してください。そのためにも，給与体系の方針をしっかりと定めておく必要があります。また，労働環境は手取りの額だけでは比較できないことも伝えます。

【解説】

(1) 手取りの給与だけで判断できないことを理解してもらう

特に看護師のように売り手市場の資格をもつ職種の場合は，設問のように，はっきりと給与に対する不満を訴えてくることがあります。ただし，院長としては，辞められるのを恐れて，言いなりに金額を上げることは好ましくありません。他院との比較をされた場合は，給与だけでなく，残業時間や有給休暇の

取得率，職場の雰囲気，福利厚生等，働くうえでの要素をひとつずつ比較します。手取りの金額だけでは判断できない部分が必ずあるはずです。

　お給料が安いと不満を口にしながらも，辞めずに働き続けているケースもあります。こうした職員が辞めない理由は，やはり給与以外の部分にあるようです。例えば，職員同士仲がいい，子どもの行事や病気での融通がきく，やりたいことを提案し実行できる，などがその理由です。

　福利厚生のひとつである社会保険・厚生年金保険ですが，クリニックの場合，強制適用とはならない場合もあります。社会保険・厚生年金保険に加入すると，クリニックとしてはコスト面で負担が増えますが，職員にとっては傷病手当金や出産手当金等の保険給付の幅が広がったり，育児休業期間中の保険料負担が免除されるなどのメリットがあります。

　給与以外の労働条件としては，さまざまなものが考えられますが，主に次のようなものがあります。

給与以外の労働条件の例

○診療方針　　　　　　　　　　○仕事自体の充実感

○業務の質と量　　　　　　　　○設備の充実度

○建物の外観・内装　　　　　　○研修や勉強会

○患者層　　　　　　　　　　　○通勤の利便性

○院長，同僚職員との人間関係　○福利厚生

○身だしなみの自由さ　　　　　○生活スタイルに合った勤務体制

---

(2)　職員の就労感（働く動機）に対して，短期／長期の両面でアドバイスをする

　大切なのは，働く動機を目先の短期間だけで満たそうと考えないことです。院長としては，職員がもっと長期的な視野に立って考えられるようサポートしてください。

　例えば，今は独身で若いから，休みよりもとにかくたくさんお給料が欲しい，と考えている職員であっても，万一のけがや病気，妊娠や出産の時に安心して

専門家との連携度	レベル1	レベル2	レベル3	レベル4

給与そのものの考え方を専門家と相談して整理してください。

 ワンポイント解説　◆◇社会保険の適用範囲◇◆

適用事業所の条件

	常時使用労働者数※	
	5人以上	5人未満
法人	強制加入	強制加入
個人事業	強制加入	任意加入

※社会保険の被保険者とならない労働者も含みます

被保険者となる条件

① 70歳未満
② 常勤職員または所定労働日数・時間数が常勤の4分の3以上の職員（日雇い・季節的雇用等の適用除外者を除く）

※医療法人の場合には，理事長や常勤役員は被保険者になりますが，個人事業の場合には，事業主およびその家族は被保険者になりません。

療養し，休業できる環境であるほうが，長期的に考えた場合は働く意欲を持たせることができます。

　目先のお金だけにとらわれることなく，給与体系や体制について，院長の理念をきちんと理解してもらうこと，そのうえで，職員の働く動機を再度確認し，クリニックの方針とのマッチングを一緒に考えることが大切です。

　職員の動機づけには，①短期の視点（日々，目の前の仕事にどうやる気を持たせるか）"モチベーション"と，②長期の視点（将来を見据えて，いかに働きがいを持たせるか）"コミットメント"の2点で捉える必要があります。職員と対話するときには，この両方の視点でアドバイスすることが大切です。

(3) 給与以外に不満を感じていないかどうか確認する

この設問では,「お給料が安いから辞めたい」と言っていますが,職員は給与に対する不満を口実にしているだけで,実際には,人間関係やその他の原因で辞めたいと言っていることも往々にしてあります。

院長が思いもよらないことから,職員同士の関係がギクシャクし,表面上には現れない要因が発生しているかもしれません。

いずれにしても,このような職員の訴えがあった場合には,一度話し合いの場を設け,掘り下げたコミュニケーションを図ることが重要です。

もし,単純に給与のみが理由であるという職員ならば,言葉どおり,他のクリニックへ移ってもらったほうが本人にとっても院長にとっても幸せでしょう。

ただし,仕事をするうえでの環境が悪化していることを示唆するような言動があった場合には,院長はさらに踏み込んで,職場環境を整えるにはどうしたらよいかを考える必要があります。

> ### 職員との対話実践編

給料が少ないと不満を言う職員とのやりとり

片山さん:先生,うちの基本給ってどういう計算で出してるんですか?

近藤院長:それは同規模同業種での平均を基準にして計算してるけど,急にどうしたの?

片山さん:はい…その,別のクリニックで働いている前の職場の友達は,同じ内科の診療所なのに,基本給3万円以上も高いんです。今そこで,スタッフを募集していまして,そこに移ろうかなと思っています。

近藤院長:なるほどね。片山さんはお金がいっぱいもらえたほうがいいと思うの?

片山さん:当然です,そう思います。

近藤院長:確かに当然,毎月入ってくる金額は多いほうがいいかもしれませんね。ただ,他の部分はどうなのかな?

片山さん:他の部分って何ですか?

近藤院長：たとえば，同じクリニックでも残業が多かったり，休みが少なかった
　　　　　りしないかな？　うちは，比較的休みやすいように人数を確保してる
　　　　　つもりだけどね，給料が高いってことは，その分業務の負担が多いっ
　　　　　てことじゃない？

片山さん：たしかに，先輩の話が長すぎて全然帰れないとか，健診や予防接種で
　　　　　休めないとか言ってた気がします。

近藤院長：それに社会保険関係はどうかな？　正直うちくらいの規模の場合は，
　　　　　社会保険と厚生年金保険は加入しなくてもいいんだ。でも，職員のみ
　　　　　んなによりよい環境を整えたくて加入しているんだ。社会保険と国民
　　　　　保険では受けられる保険給付に差があるし，厚生年金のほうが将来を
　　　　　考えたときにもらえる年金も増えるからね。

片山さん：社会保険と国民保険は何が違うんですか？　どちらも自己負担は3割
　　　　　ですよね。

近藤院長：通常医療機関にかかる場合は同じだよ。でも，傷病手当金や出産手当
　　　　　金の制度は国民健康保険にはないんだ。万が一病気やけがで仕事を休
　　　　　んだり，出産で仕事を休んだ場合に社会保険であれば傷病手当金や出
　　　　　産手当金でお給料の3分の2程度給付してくれるんだよ。

片山さん：なるほど，それは知りませんでした。

近藤院長：片山さんは，うちの退職金規定も，ちゃんと見てくれているかな？
　　　　　退職金の積み立ても規定に基づいて行っているんだよ。今生活できな
　　　　　いというならともかく，そうでなければ福利厚生のことも合わせて考
　　　　　えてもらえるといいと思うのだけど，どうかな？

片山さん：そうですね，手取りのお給料だけでは職員のことを本当に考えてくれ
　　　　　ているかどうかは，判断できませんね。それに，うちは2年に1回職
　　　　　員旅行に連れて行ってくださっていますし，みんな優しくて仲が良い
　　　　　ですよね。

近藤院長：そういうふうに考えてくれて嬉しいよ。私は，手取りのお給料ではな
　　　　　く福利厚生もある程度充実させたいという方針を変えるつもりはない
　　　　　んだ。片山さんがとにかく今は手取りのお給料を増やしたいから辞め
　　　　　るというなら仕方ないけど，どうだろう。

片山さん：すいません，目先のことしか見ていませんでした。将来のことを考え
　　　　　たら，うちで頑張ったほうがよいと思えてきました。今後もよろしく
　　　　　お願いします。

2　賞与を比較して疑問をもつ職員への対応

Q2

職員が同僚と賞与明細を見せ合っていました。その職員から経験年数が違うのに賞与はどうしてＡさんと同じなのかと聞かれました。

A2

　職員に対して，まずはそもそもの給与（毎月支給）と賞与（年2回）の支給意義の違いを理解してもらいます。制度の概要を確認のうえ，クリニックの賞与のしくみや賞与決定プロセスについて伝えます。

【解説】

(1)　給与と賞与の支給意義の違いを理解してもらう

　金銭で支払われる報酬には，毎月支払われる給与（月例給与）と年に何度か支払われる賞与，退職時に支払われる退職金などがあります。なお，給与以外の賞与や退職金は必ず支払わなければならない金銭報酬ではありませんが，わが国においては，慣行として支払うことが一般的であるといえます。

　今回の設問の場合，まずはそもそもの給与と賞与の支給意義（なぜ支払われるのか＝何に対して支払われる金銭報酬なのか）について，職員に理解してもらう必要があります。

　毎月支払われる給与は，職員の能力の伸長や本人の生活などを考慮に入れた長期的視野で支払われる基本的な金銭報酬です。したがって，クリニックによって支給基準の多少の違い（年功基準，年齢基準，能力基準，役割基準，職務基準など）はあっても，世間相場を踏まえつつ毎月安定的に支払われます。

　また，「降給」（給与が下がること＝マイナス昇給）は一般的ではなく，ある程度の水準まで昇給することが前提となっています。ただし，昇給額は職種や人事評価結果によって個別に決まるのが通常であり，昨今では，降給のしくみや，一定の水準で給与を据え置くしくみなどを採り入れているクリニックもあ

専門家との連携度	レベル1	レベル2	レベル3	レベル4

賞与制度は，仕組みを確認し，職員の理解を促してください。

ります。

　一方の賞与は，その時々の業績などを中心とする短期的視野で支払われる金銭報酬です。支給基準は任意であり，年に何回支払うか，毎回どの程度支払うかは，クリニックによって異なります。

　賞与の実際の支給額を決めるときは，まずはクリニックの業績によって賞与支払総額（原資）を決定し，これを個々の職員の成果や業績（クリニック貢献度）をもとに実施する人事評価結果によって個別に配分するという方法（プロセス）をとることが一般的です。

　給与と賞与は上記のとおり全く性質の異なる報酬ですから，設問のように，給与が同じ額だからといって，賞与が同じになるとは限りません。

⑵　賞与のしくみ（決定プロセス）を理解してもらう

　賞与の決め方は，おもなパターンとして次のような種類に分けられます。

①　支給月数を用いて決定する方式

　〔代表的な算式〕　賞与＝賞与基礎給×支給月数

　※賞与基礎給は1）基本給のみとする場合と2）基本給と役職手当の合計とする場合（役職が高い職員ほど賞与が高くなるよう）などがあります。

②　人事評価を用いて決定する方式

　〔代表的な算式〕　賞与＝評価別ポイント×ポイント単価

　※この方式は，図のように，人事評価結果による獲得ポイントを設定しておき，該当ポイントに単価をかけて賞与額を決める仕組みです。クリニックへの貢献度を重視し，年功的な要素を排除することができます。また，ポイント単価は職種などで分けることもあります。

図表12-1 ▶ 賞与ポイントテーブル【例】

◆職種と人事評価により決定する場合

職　種	人事評価				
	S	A	B	C	…
看護師	440	300	220	150	…
事務員	300	200	150	100	…

　民間企業では，賞与の配分方法について，①を「基本賞与」，②を「成果賞与」として明確に区分したうえで，合算して支給するスタイルに変える企業が増えてきました。つまり，前者においては生活の保障的な要素を，後者においては成果主義的な要素を持たせるというものです。

　人事評価結果をもとに賞与額を決める場合も，その算出方式はクリニックごとに任意です。だからといって，個々の職員ごとの差を院長の裁量だけで決めてしまうと，支給基準について職員から説明を求められた時の対応に苦慮することとなります。計算方法などの決定プロセスを明確に説明できるよう，考え方を職員にきちんと伝え理解してもらうことが必要です。

(3)　パートに賞与を支給する場合は，扶養範囲に注意する

　クリニックでは，パート職員に賞与や寸志を支給する場合もあります。パート職員は扶養範囲内での勤務を希望することが多いため，年間での支給総額が規定の金額を超えないよう，勤務スケジュールと支給額に注意を払う必要があります。

職員との対話実践編

同僚と同じ賞与に疑問をもつ職員とのやりとり

北村さん：上杉さんと賞与明細を見せ合いました。こう言っては失礼ですが，私のほうが前職からのキャリアが長いのにどうしてボーナスが同じなのですか？

矢野院長：北村さんは賞与をもらって，どんな気持ちだったの？

北村さん：えっ!?　唐突に何ですか？　確かに，このご時世でボーナスがあること自体はありがたいことだと思っています。

矢野院長：でも，上杉さんと同じことは不満なんだよね？

北村さん：上杉さんとは経験年数が違いますから，ボーナスが同じでは納得いかないのですが。昔働いていたところでもみな同じなところはありませんでした。

矢野院長：北村さん，うちの賞与は，一定期間の利益を人事評価結果に応じて均等に配分したものなんだ。経験年数の違いはすでに給与に反映しているよね。それでは不満かな？

北村さん：そうですね。考え方は分かりましたが，私は残業もしたし，やはり均等では少し納得がいかないのですが。

矢野院長：そうだね，北村さんは後輩の面倒見も良く，仕事を最後まで頑張ってくれているね。うちでは，こうした長期的な評価は，給与に対応させているから，基本給は去年よりアップしているし，時間外に働いた分は残業代に反映されているよね。これに対して賞与は，この半年での評価を反映しているんだ。上杉さんは，今回他のスタッフがインフルエンザなどで休んだり早退したところを頑張ってカバーしてくれたし，業務に関してもいろんな提案をしてくれて改善されたことがいくつかあったから，その部分を評価しての結果なんだ

北村さん：確かに1月ごろは私も含め何人かが自分や家族のインフルエンザで休むことが多くて，上杉さんが快くカバーしてくれていました。それに，誰よりも業務改善に積極的でしたね。確かに院長のおっしゃるとおりです。私は自分のことばかり考えていたのかもしれません。院長がそういった部分を見ていて評価してくださっていることがわかって良かったです。

育　成

 **1　研修受講を拒否する職員への対応**

Q1

クリニックが指示した研修に対して，職員から「こんな研修には興味ありません。出たくないのですが」と拒否されて，困っています。

A1

　困ることはありません。クリニックにおける業務の一環として義務づけられる研修であれば，業務命令であり，興味がない程度の理由で拒否することはできません。そもそもその研修の目的や趣旨をあらためて伝え，受講するよう促します。同時に，業務命令に従わず拒否した場合は懲戒の対象になり得ることも伝えておきます。

【解説】

(1)　**なぜ研修に出たくないのか確認し，あらためて研修の目的や趣旨を伝える**

　クリニックが指示した研修に興味がないということですが，まずは，なぜ出たくないのか，職員の話に耳を傾けます。ただし，話を聴いたからといって，

言い分によっては受講しなくても良いとするのではなく，職員の言い分を聴いたうえで，研修に出てもらう必要がある旨について対話し，受講を促します。

職員との対話では，そもそもの今回の研修の意義や目的，趣旨，必要性について，あらためてきちんと伝えてください。また，クリニックが指示した研修ですので，スキルが身につく，あるいは仕事に関するノウハウや気づきが得られるなど，その職員にとってメリットがあるはずです。今回の研修を受講することによって，どのようなメリットがあるかについて，職員が納得のいくように話します。

後ほど触れますが，クリニックが行う研修は業務命令であり，本来拒否できるものではありません。だからといって，頭ごなしに受講を強制するような話の仕方は望ましくありません。それよりも，上記のようなステップを踏むことで，職員自身が主体的に受講しようとする気持ちを引き出すことが大切です。なぜなら，院長に強制されて研修に出るのと，本人の主体的な気持ちで研修に出るのとでは，その職員にとっての研修効果が全く異なるからです。

(2)　業務の一環であれば，職員に研修の受講を義務づけることができる

クリニックが指示した研修は，業務命令です。日本の企業では，正社員の場合，長期雇用を慣行とするところが多いため，業務ですぐに必要となるスキルなどの研修にとどまらず，より広い範囲にわたる内容の教育・研修についても命じることができるものと法的に認められています。

例えば，「職員に対して規律正しい共同生活を体験させ，心身ともに健全な職員を育成することを目的」とする，現在の業務とは直接関連性のない研修への参加についても，裁判所は業務命令をもって命じることができるものとしています（動労静岡鉄道管理局事件　静岡地裁　昭48.6.29判決）。

ただし，どんな教育・研修も，業務命令にできるかというと，そうではありません。次のようなものは無条件に業務命令で命じることはできません。

また，クリニックが受講を義務づける以上，受講している時間は基本的に労働時間となります。したがって，時間外や休日に受講させた場合は，割増賃金を支払う必要があります。

専門家との連携度	レベル1	レベル2	レベル3	レベル4

研修の受講を拒否する場合は，対話を行い，受講を促してください。

無条件に業務命令で受講させられない教育・研修

① 教育・研修内容が職務あるいは職員の質の向上とはおよそ無関係なもの
　　（例：思想信条教育など）

② 教育・研修の内容や方法が過度の精神的・肉体的苦痛を伴うもの
　　（例：教育として就業規則の書き写しを長時間にわたって命じたもの）

③ 教育・研修の内容が法令に違反するもの
　　（例：教育訓練について性別により差別するもの，不当労働行為に該
　　　　当するものなど）

④ 海外留学や海外での教育・研修
　　（例：海外に行かせたい場合は，職員本人の同意が必要となります）

(3)　業務命令である研修を拒否した場合は，懲戒処分にできる

　上記のとおり，一部制約はありますが，担当する業務と直結していなくとも，広い範囲にわたる研修を，職員に業務命令として受講させることができます。業務命令ですから，もし職員が研修の受講を拒否すれば，業務命令違反ということになります。したがって，正当な理由がないにもかかわらず，研修命令（業務命令）を拒否するということになれば，懲戒処分の対象となってもおかしくありません（就業規則の規定が必要です）。

　このときの懲戒処分の程度ですが，その研修の業務上の必要性から考えて判断します。重要な研修内容である場合は，研修の意義，必要性，目的等を職員に説明したうえで，「次回の研修命令には参加する」等の始末書を提出させ，これに応じた場合であれば，最も軽微な処分となる「けん責」程度が妥当です。しかし，次回の研修命令にも従わないような態度をとり，始末書の提出も拒否

する場合には，秩序違反の程度は重大となります。この場合は，次回の研修命令に従わないときは，もっと重い懲戒もあり得る旨を本人に警告することが必要です。なお，懲戒処分は，専門家等とも相談しながら，法的に問題のない範囲で進める必要があります。

(4)　懲戒処分ありきではなく，職員の教育指導を行う

　上記のとおり，研修の受講を拒否する職員は，懲戒処分とすることができます。しかしながら，院長がすべきことは，職員を懲戒処分にすることではなく，職員の教育的指導を行うことです。最初から懲戒処分ありきで職員との話を進めるのではなく，あくまでも院長として，クリニックが義務づけた研修を職員に受講してもらい，クリニックの職員として少しでも成長してもらえるように促すことが大切です。

職員との対話実践編

研修受講を拒否する職員とのやりとり

飯塚さん：「クレーム対応研修」には興味がありません。出たくないのですが。

矢野院長：出たくない？　その時間は都合が悪いの？

飯塚さん：いえ，出勤ですし就業時間中ですが1人で外に行くのが嫌なんです。

矢野院長：なるほどね。ただ，受付はクレーム対応の最前線になるからね。基本
　　　　　的な対応の仕方は身に着けておいて欲しいんだ。飯塚さんはクレーム
　　　　　を受けた時，どう思うの？

飯塚さん：別に。仕事なので。それに，事務にクレーム対応なんて，正直いらな
　　　　　いと思うんです。患者さんは，院長に言いたいだけですよね。私，人
　　　　　にあれこれ言われるのも，ペコペコするのも嫌いなんです。

矢野院長：どんなクリニックでもクレームがゼロなんてことはないと思うけど，
　　　　　対応の仕方で印象は全く違うんだ。受付業務やレセプト集計だけでな
　　　　　く，患者さんとの対応についても，その重要性を外部研修を通じて改
　　　　　めて認識して欲しいんだ。最近はいろいろな患者さんが来るでしょ。
　　　　　ちょっとしたことでもクレームを言ってこられる方もみえる。言葉遣
　　　　　いなんかで，状況を悪化させないように冷静に対応してもらいたいん
　　　　　だ。

飯塚さん：そうですか。勉強にはなりそうですけどね。

矢野院長：じゃあ，受講してくれるかな？　ちょうど研修の時間帯は診療中で全
　　　　　員受講してもらうことはできないから，飯塚さんにはうちのクリニッ
　　　　　クの代表として受講してきてもらって，その内容を他のスタッフにも
　　　　　教えてあげて欲しいんだ。

飯塚さん：わかりました。ちゃんと聞いてきて，みなさんと情報を共有できるよ
　　　　　うにします。えっと，これはあくまでも念のために聞かせてもらいた
　　　　　いのですが，もし研修に出ないとしたらどうなるんですか？

矢野院長：もし研修を拒否した場合は，業務命令違反ということで懲戒扱いと
　　　　　なっても仕方ないよね。

飯塚さん：そうなんですね。以後気をつけます。

2　同じ間違いを繰り返す職員への指導

Q 2

同じ間違いを何度も繰り返し，患者様からのクレームが多い職員がいます。どのように指導すればよいでしょうか？

A 2

　間違いを毎回記録し，本人に自覚を促します。また，本人が間違いを繰り返す原因を突き止め，原因に応じた対応を行います。場合によっては，職員が間違いを繰り返す仕事の種類を見極めると同時に，他の仕事への転換（担当換え）を検討します。

【解説】

(1)　面倒でも毎回記録を取り，本人に気づきと自覚を促す

　まず職員が間違いを繰り返すつど，記録を取るようにします。同じ間違いでも省略せず，毎回記録します。その際，間違いを犯した理由を本人に確認して併せて記録します（場合によっては，本人に記録してもらいます）。万が一，職員の間違いがクレームにまで発展してしまった場合は，本人から始末書を提出してもらいます。始末書を提出させるわけですので，トラブルの程度によっては就業規則に照らして懲戒も視野に入れ，厳格に対応します。この一連の対応の中で，本人の気づきと自覚が得られているか，院長として話し合いの場を持って確認してください。

(2)　間違いを繰り返す原因を突き止める

　上記の対応の中で，同じ間違いを繰り返す原因がどこにあるのかを突き止めていきます。「①単純なうっかりミスによるものか」「②本人のスキル（技能）の不足によるものか」「③本人の適性にマッチしない仕事を担当していることによるものか」など，本人との話し合いを持ちながら，原因を明らかにしてい

専門家との連携度	レベル1	レベル2	レベル3	レベル4

懲戒，担当換えについては就業規則を確認し，専門家等と連携してください。

きます。

　このうち，①の場合は，仕事または仕事以外のプライベートのことで何か切実な悩みなどを抱えていないか，それとなく確認します。特に，悩みを抱えているわけではないにもかかわらず，単純なうっかりミスを繰り返してしまう場合には，現在の仕事を今後も継続していくべきか，あるいは別の仕事に転換した方が良いかについて，本人と話し合います。

　②の場合は，本人に不足しているスキルが何かチェックを行い，不足しているスキルの習熟に向けて教育・指導を行います。

　③の場合は，本人に合う仕事の見極めが大切です。仕事には，対人業務，事務仕事，手先を使った細かな作業，体力勝負の仕事などいろいろな種類があります。その職員が間違いを繰り返す仕事は，どのような種類の仕事なのか，間違いが特定の仕事に偏る場合は，その仕事はその職員にはさせないほうが，職員にとってもクリニックにとってもよいと思います。このような場合には，専門家等と連携して別の仕事に転換できるようにサポートすることが必要です。

職員との対話実践編

同じ間違いを繰り返す職員とのやりとり

近藤院長：川口さん，処置室の業務をするようになってから半年経つね。検査の
　　　　　オーダーミスが多いことについては以前話したと思うけど，なかなか
　　　　　減らないね。

川口さん：はい，申し訳ありません。自分では気をつけているんですが，どうし
　　　　　てもミスがなくならなくてみなさんにご迷惑をおかけしています。人
　　　　　数は多くないのに患者さんをお待たせしてしまうことも時々あります。

近藤院長：そうか，自分でも気づいてはいるけれど，ミスをしてしまうんだね。
　　　　　ただ，スムーズな診療ができるかどうかって，処置室の看護師さんの
　　　　　働きによるところが大きいのは確かだよね。

川口さん：申し訳ございません。

近藤院長：いや，責めてるわけじゃないんだ。同じ看護師さんといっても，得意
　　　　　不得意はあるはずだから仕方ないよ。ただ，やはり患者さんに迷惑か
　　　　　けてしまうのは，良くないと思うんだけど？　どうかな？　もし川口さ
　　　　　んさえよければ，処置室は他の看護師さんに任せて，診察室での補助
　　　　　に回ってくれないかな？

川口さん：はい，私にはそちらのほうが向いていると思います。

近藤院長：そうだね，処置室業務をお願いする前，診察室で一緒に働いていたと
　　　　　きは，私も診療しやすかったよ。よく気がつくし，患者さんへもとて
　　　　　も優しく対応してくれていたよね。

川口さん：そうですか，院長にそう言っていただけるとうれしいです。

近藤院長：じゃあ，早速明日からそのような配置にしよう。よろしくね。

川口さん：はい，よろしくお願いします。

第14章

定年・退職・解雇

1 定年を迎える職員への対応

*Q*1

定年を60歳と規定しています。半年後に60歳の誕生日を迎える職員がいますが，どのような手続きをとればよいでしょうか？

*A*1

　定年を迎える職員がいたら，まずは面談の機会を設け，継続雇用を希望するかしないか本人の希望を確認することが大切です。

　平成25（2013）年4月1日に改正された高年齢者雇用安定法により，定年を65歳未満に定めている事業主は，次の①～③のいずれかの措置をとる必要があります。

①　65歳以上への定年引き上げ

②　希望者全員の65歳までの継続雇用制度の導入

③　定年制の廃止

【解説】

(1)　高年齢者の雇用の安定

　高年齢者雇用安定法（高年齢者等の雇用の安定等に関する法律）は，老齢年金支給開始年齢の引き上げ，少子高齢化による労働力人口の減少などを背景に，高年齢者の雇用の確保，再就職の促進，多様な働き方に応じた就業機会の確保を目的に制定されました。

　設問のケースでは，定年が60歳に定められているため，①65歳以上への定年引き上げ，②希望者全員の65歳までの継続雇用制度の導入，③定年制の廃止のいずれかの措置をとる必要があります。このうち，①と③は管理面でのリスクが大きいと考えられるため，現実的には，②の措置ならば導入しやすいと思われます。実際に，厚生労働省による平成29（2017）年「高年齢者の雇用状況」集計結果によると，②の継続雇用制度を導入している企業が80％を超えています。

　継続雇用制度を導入する場合，"希望者全員"を対象とすることが必要です。職員が継続雇用を希望するかしないかは，後々のトラブルを避けるためにも，アンケート形式で書面に残しておくとよいでしょう。

図表14-1 ▶ 雇用確保措置の内訳

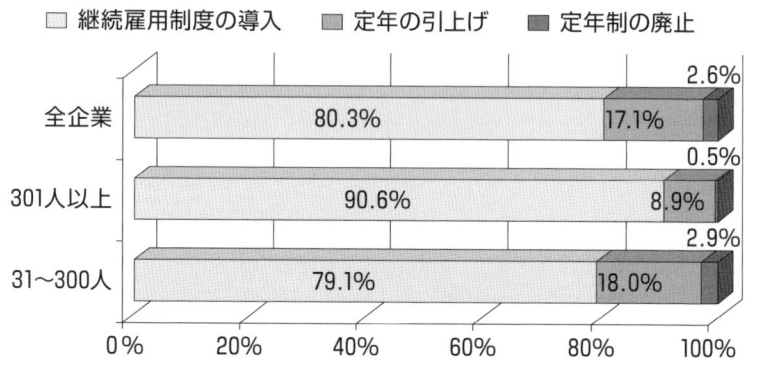

厚生労働省　平成29年「高年齢者の雇用状況」集計結果より

専門家との連携度	レベル1	レベル2	レベル3	**レベル4**

再雇用後の労働条件を変更する際には，専門家等によく相談したうえで進めてください。

図表14-2 ▶ 一律定年制を定めている企業に導入されている継続雇用制度の割合

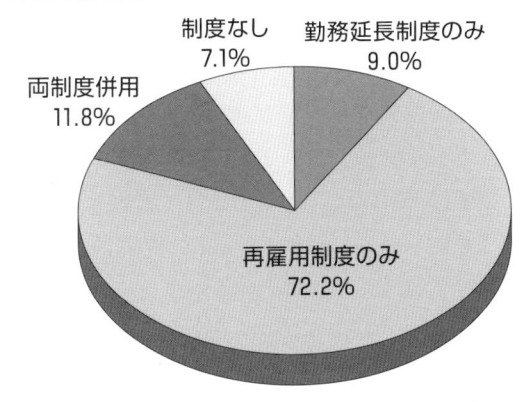

制度なし
7.1%

勤務延長制度のみ
9.0%

両制度併用
11.8%

再雇用制度のみ
72.2%

厚生労働省　平成29年就労条件総合調査結果第18表より

ワンポイント解説　◆◇継続雇用制度と年次有給休暇◇◆

1POINT

　継続雇用制度には「再雇用制度」と「勤務延長制度」の2つのパターンがあります。どちらを採用するかは，事業所の方針や状況に鑑みて決定します。

再雇用制度

　いったん定年退職した後に，新しく雇用契約を結ぶ形式をとる制度です。新しい労働条件で合意するわけですから，勤務形態を嘱託職員やパート職員等に変更し，賃金や勤務時間，職務内容等を見直すこともできます。退職金制度があれば，定年退職時に支払われます。

　この制度のメリットは，労働条件を状況に応じて柔軟に変更できるという点といえます。ただし，再雇用制度を利用したとしても，実質的には契約が続いていますので，年次有給休暇の付与を考えるときの継続勤務としては，勤続年数を通

算します。また，未消化の年次有給休暇も引き継がれます。

勤務延長制度

　定年年齢は60歳に定めたままで，希望する職員全員を退職させることなくそのまま在籍させる制度です。年次有給休暇だけでなく，退職所得や社会保険料を考える際にも継続していることとなります。

(2)　高齢者雇用安定法に則して就業規則を変更する

　上記①〜③のいずれの措置をとるか決定したら，就業規則を適切に変更しなくてはなりません。特に②継続雇用制度（再雇用制度または勤務延長制度）を導入する際には，詳細な条項の記載が必要です。「嘱託職員規程」を新設することもあります。まずは専門家に相談されることをお勧めします。

　また，法定の措置を上回る制度を導入するなどして，実際に高齢者の活躍を推進している事業所に対して支給される助成金もあります（平成30年４月１日時点）。導入する制度の内容や，上限年齢の引き上げ幅，60歳以上の雇用保険被保険者数等に応じて支給額が変わります。支給申請にあたっては，詳細な要件を満たしているかご確認ください。

(3)　高年齢雇用継続基本給付制度を利用する

　意欲や能力に応じて新しい労働条件を設定することで，再雇用後の賃金が低下する場合があります。そのことが職員のモチベーションの低下に繋がらないよう，雇用保険の「高年齢雇用継続基本給付」という制度を利用することができます。この制度を利用すると，60歳時点に比べて賃金が75％未満に低下した状態で働いている場合に，申請することによって，各月に支払われた賃金の最大15％の給付金が本人へ支給されます。

　ただし，経過措置で特別支給の厚生年金を受給できる場合には，年金額が調整されることがあるので注意が必要です。

　詳しくは，最寄りのハローワークや年金事務所，専門家へご相談ください。

職員との対話実践編

定年を迎える職員とのやりとり

矢野院長：松田さん，確か今年の10月に60歳になられますね。

松田さん：そうなんです。

矢野院長：長年このクリニックに貢献してくれて本当に感謝しています。
　　　　　うちの就業規則では一応，60歳定年・65歳まで再雇用となっています。
　　　　　松田さんは健康状態も問題がなさそうですが，この後どうしたいか希
　　　　　望はありますか。

松田さん：家のローンも残っていますし，できればもう少し働きたいです。

矢野院長：それはありがたい。松田さんはみんなから慕われていますし，松田さ
　　　　　んの知識と経験はこのクリニックの宝ですからね。

松田さん：ありがとうございます。そういえば再雇用について就業規則に書いて
　　　　　ありましたね。家族とも相談したいので，少し時間をもらえますか。

矢野院長：もちろんです。貰えるものがあるかもしれないし，今度，社会保険労
　　　　　務士の先生も交えて一緒に詳しい条件について話し合いましょう。最
　　　　　終的には意向確認書を出してもらいますね。

松田さん：わかりました。

2　職員への解雇発言

Q2

職場でのリーダー的立場の職員が，仕事の覚えが悪い後輩職員に憤慨してしまい，「明日から来なくてもいい！」と言ってしまいました。これは問題でしょうか？

A2

　人事権を持たない先輩職員が，職員の解雇，退職について発言をすることは問題があります。ただし，その発言には効力はありません。職員の能力不足については，適切な教育指導の方法について，専門家等にアドバイスを受けてください。

【解説】

(1)　先輩職員が職員に解雇発言をしても効力はない

　人事権とは，職員の採用・異動・昇格・昇進・休職・退職・解雇など，職員の地位の変更や処遇を決定する権限のことです。この人事権は，だれもが持ち得るものではありません。一般的に，人事権は，院長などに限られる権限です。その人事権を持たない先輩職員が，いくら職員の処遇について発言しても，その効力は発生しません。

　解雇発言をされた職員は次のような要求をクリニックにしてくることが考えられます。即時解雇されたのだから「解雇予告手当として30日分の平均賃金を支払え！」または，「不当解雇だ，その理由を聞かせろ！」との要求です。そのような職員からの要求に対して，院長が「先輩職員の発言は問題がありました，その発言は効力がありません」と説明しても，職員は，すんなり納得するとは限りません。

　そもそも解雇とは，人事権を持つ者が行う場合であっても，「法的に解雇となる相応の事由」（労働契約法第16条）があることと，「法で定める解雇の手

専門家との連携度	レベル1	レベル2	**レベル3**	レベル4

専門家と密に連携し，その後の関係修復を図ってください。

順」（労働基準法第20条）をふまなければならず，簡単にできるものではありません。また，解雇に至るまでに，クリニックはどれだけ解雇を避けるための努力を行ったかということも求められます。以下は解雇に関する重要な法律条文です。この2つの条文は，実務でも頻繁に目にするものです。

> **解雇に関する重要条文**
>
> 〔労働契約法第16条〕
>
> 　解雇は，客観的に合理的な理由を欠き，社会通念上相当であると認められない場合は，その権利を濫用したものとして，無効とする。
>
> 〔労働基準法第20条〕
>
> 　使用者は，労働者を解雇しようとする場合においては，少くとも30日前にその予告をしなければならない。30日前に予告をしない使用者は，30日分以上の平均賃金を支払わなければならない。……

(2)　休業手当を支払う問題も発生する

　仮に，解雇の問題まで発展しなかった場合であっても，先輩職員に言われたとおり，翌日から職員が出勤しなくなった場合には，先輩職員（クリニック側）が休業を命じたということで，使用者の都合による休業として，休業手当（労働基準法第26条）を支払う義務が発生するという，別の問題も発生してしまいます。

　このように，先輩職員の過ちによって，院長はその職員の対応に追われることになります。仕事の覚えの悪い職員へのストレスが溜まっていたとはいえ，人事権を持たない先輩職員が，解雇の意味合いになる発言をすることは，問題を複雑化させますので，そのようなことはさせないようにしてください。

ワンポイント解説　◆◇休業手当◇◆

　労働基準法第26条により，「使用者の責に帰すべき事由による休業の場合においては，使用者は，休業期間中当該労働者に，その平均賃金の100分の60以上の手当を支払わなければならない」とする手当のことをいいます。

 ワンポイント解説　◆◇退職，解雇，懲戒解雇の違い◇◆

　退職，解雇，懲戒解雇の違いを確認します。退職，解雇はさまざまな事由があり，退職なのか，解雇なのかという点でよくトラブルとなります。院長には，これらの違いを整理し，区別できることが求められます。

　解雇については，労働契約法第16条で定められているように，それ相応の事由がないと解雇はできません。さらに「懲戒解雇」においては，就業規則で懲戒解雇となる事由が定められており，懲戒事由に該当するだけの相当な事由であることや，本人に弁明の機会を与える，懲戒委員会で諮るなど定められた手続きに沿って処分が決定されたのか，その処分の正当性が厳格に問われることになります。

退職	合意退職	自己都合退職	職員から辞めることを願い出て，クリニックが承諾する
		勧奨退職	クリニックから職員に退職して欲しいことを申し込み，職員が承諾する（承諾するかしないかは，自由）
	契約期間満了		あらかじめ定まっていた契約期間の満了
	休職期間満了		休職期間が満了しても復職できないとき
	行方不明期間経過による自動退職		行方不明となり就業規則で定める期間を経過したとき
	定年退職		就業規則で定める定年年齢に達したとき

解雇	整理解雇	経営難，不況による業務の縮小など人員整理の必要性に基づく解雇
	普通解雇	健康不良，勤怠不良，職務怠慢など能力，適性の欠如による解雇
	懲戒解雇	職員が就業規則で定める懲戒解雇事由に該当する重大な違反を犯したときの懲戒処分による解雇
	諭旨解雇	本人の反省，情状により懲戒解雇を軽減した処分による解雇（諭旨退職）

職員との対話実践編

「明日から来なくてもいい」と言われた職員とのやりとり

《先輩職員（鈴木さん）の発言があった翌朝一番に，院長が職員と個別面談》

矢野院長：大野さん，昨日の鈴木さんの発言は問題があったと思う。私は重い責任を感じているよ。

大野さん：今日は出勤しようかどうかとても悩みました。労働基準監督署にも相談しようかと思いました。鈴木さんの顔はもう見たくありません。今のままでは，仕事ができません。精神的にまいっています。

矢野院長：精神的に苦痛で，鈴木さんと仕事がしたくないという気持ちなんだね。大野さんの気持ちはよくわかるよ。（沈痛な面持ちで）

大野さん：（沈黙……）

矢野院長：（少し時間をおいて）鈴木さんは大野さんを思うあまり，一時的に感情的になってしまったと思うんだ。けれどそれは許されるわけではないけどね。それともうひとつ，彼女には人事権はないし，クリニックとして辞めろとか解雇とかをいったものではないよ。

大野さん：私のことを思うって，何のことですか？（少し怪訝そうに）

矢野院長：実は鈴木さんは，早く大野さんに仕事を覚えて欲しいと思って，よく私に教え方などの相談をしてくれていたんだ。でも少し焦りがあったかな。

大野さん：そうだったんですか……。

矢野院長：昨日の夜なんかは，彼女は私のところにすぐ飛んできて，「先輩として失格です」と，猛反省をしていたよ。

大野さん：（沈黙のあと）確かに，私の仕事の覚えはよくありませんでした。

矢野院長：鈴木さんには院長の私の責任として，しっかり教育的指導をしておくよ。本人も深く反省しているので，許してやってもらえないだろうか。大野さんの仕事については，仕事のやり方の変更や適材適所配置の観点から再検討してみよう。

大野さん：はい，わかりました。昨日のことは気にしないようにします。

3　能力不足の職員に退職を勧める

Q 3

クリニック業務に求められる能力レベルと大きく乖離し，仕事に支障をきたしている職員がいます。本人の将来を考え退職を勧めたいのですが。

A 3

　まず，職員の現状を客観的事実として書面に残し，退職勧奨やむなしという結論に至った段階で，退職勧奨を実施してください。

【解説】

(1)　職員の退職勧奨を客観的事実から判断する

　退職勧奨により職員に退職を選択してもらうことは，職員の今後の人生に大きな影響を及ぼしますから，慎重に実施しなければなりません。この設問では，職員の職務遂行上の能力と仕事に求められる能力レベルが大きく乖離し，仕事に支障をきたしているということですが，客観的事実を整理したうえで，まずは状況を確認することが先決です。状況を確認せず一時的な感情で，職員に退職勧奨をすることは絶対に許されるものではありません。

　客観的事実の整理とは，「クリニックが指示した仕事内容（目標と仕事のやり方）と仕事結果のギャップ」「仕事に支障をきたしている状況とその程度」について列挙するということです。なお，客観的事実を列挙するときには，院長や他の職員の感情や主観を入れてはいけません。

　客観的事実が整理・列挙できたら，中長期的にみて今後も仕事に支障をきたす可能性が大きいこと，職員が今のクリニックで成長していくことが非常に困難であることを，院長が総合的に判断します。

ワンポイント解説　◆◇退職勧奨とは◇◆

退職勧奨とは，クリニック側から職員側に強制を伴わない退職の働きかけを行うことです。例えば「肩たたき」や「雇用調整のために行われる希望退職の募集」なども退職勧奨の一例です。職員側が退職勧奨に応じると，労働契約上の合意解約となり「解雇」にはあたりません。ちなみに解雇とは，「使用者の一方的な意思表示による労働契約の解除」のことをいいます。

退職勧奨に応じるかどうかは，全く職員の自由意思に委ねられています。したがって，退職勧奨を行うこと自体は，特に法律に違反する行為ではありません。しかし，退職勧奨を受け入れない職員に対して，限度を超えた度重なる退職勧奨（勧奨の回数，手段・方法が社会通念上好ましくない）を行うことや実質的に強制退職（対象者の選定が不公平，不合理な労働条件の切り下げ，配置転換，解雇などを示唆）をせまるような言動をすることは，それ自体が違法な行為となる可能性があります。このような場合，職員からクリニックに損害賠償請求をされることも考えられますので，退職勧奨は判例の解釈を参考に慎重に行うことが必要です。（昭和55年7月10日　下関商業高校事件）（昭和61年12月4日　鳥取地裁鳥取県教委事件）

(2)　退職勧奨は原則として院長が実施する

退職勧奨（退職を選択してもらえるようお願いする）は，院長が実施することが望ましいでしょう。

退職勧奨は1回の面談で，合意するということはまずありません。退職の強要にならない程度の面談（通常間隔をあけて2〜3回実施）を実施し，合意にもっていくことが目標となります。あまり長引かせることは本人にとっても，院長にとってもつらいことです。

退職勧奨における基本的な面談の進め方とそのポイント（例）は，次のとおりです。面談にあたり，院長は事前に，面接の技法を習得し，法的な観点から問題にならないようにしっかり専門家から支援を受けてください。退職勧奨は，長い目でみた職員の幸せ（新しい職場での活躍）を念頭において，実施することが最大のポイントになります。

専門家との連携度	レベル1	レベル2	レベル3	**レベル4**

専門家等と密に連携し，法的な観点からトラブルにならないよう進めてください。

図表14-3 ▶ 退職勧奨における面談の進め方とポイント（例）

面談実施段階	面談の進め方とポイント
第1回目	• 面接の主旨「職員の今後のキャリア形成について一緒に考えたい」ことを説明する • クリニックの期待と職員の仕事の結果（ギャップ）を，事実の記録などを用いて客観的かつ正確に伝える • 戦力として期待が困難であり，院内にポジションが確保できないことを伝達し，退職を勧める • 退職を選択する場合の金銭補償や再就職支援などについても説明する
第2回目	• 第1回目の面談の結果を受け，職員が自分の進路をどうしたいかの考えをしっかり聴く 　→退職に合意すれば面談終了 【職員に迷いがある場合】 • 院内に残った場合の処遇がどのように予想されるか伝え，長期的な視点でどちらの選択が本人にとってよいか選択を促す
第3回目	• 第2回目の返事を聞き，退職に合意できれば面談終了。 　合意できなければ4回目の面談を伝え，専門家にアドバイスをもらうことができる旨を伝える

注）上記退職勧奨の面談の進め方は一例ですので，専門家と連携し，各クリニックの状況に合った面談の内容と手順を考えてください。

職員との対話実践編

退職を勧めたい職員とのやりとり

《第1回目の面談》

矢野院長：今日の面談の主旨は，加藤さんの今後のキャリアをどのように考えていくか率直に話し合いたいんだ。

加藤さん：それって何のことですか？

矢野院長：クリニックの期待と加藤さんの仕事の結果について，大きなギャップがあるということなんだ。

加藤さん：はあ。

矢野院長：まずは，クリニックの期待なんだが，「……」ということは，これまで何度も伝えてきたよね。次に，加藤さんの直近2年間の働きぶりは，「……」だったよね。加藤さん，今話した現状認識と期待と結果のギャップに異論はないかな。

加藤さん：はい，理解できます。そのとおりです。

矢野院長：私はこれまで加藤さんのことをうちの職員として支援してきたが，クリニックとしてはこれ以上加藤さんが，うちのクリニックで活躍するのは難しいんじゃないかって考えているんだ。

加藤さん：それって，私にクリニックを辞めろといっているんですか？

矢野院長：いや，そんなことは言っていないよ。冷静になって今後の加藤さんのキャリアをどのように作っていくか，真剣に考えて欲しいということを言っているんだ。あくまで，加藤さんのキャリアを決めるのは，加藤さん自身だと思っているよ。

加藤さん：そんなことを言われるなんて思ってもいませんでした。少し時間を下さい。

矢野院長：そうだね，わかった。5日後に加藤さんの考えを聴かせてもらえないか。私はできる限り加藤さんの力になりたいと思っているよ。

加藤さん：はい。では5日後ということで。

矢野院長：何かあったら，遠慮なく何でも聞いてくれていいからね。

 ## 4　退職時の引継ぎと有休処理

Q4

退職間近の職員から「残っている有休をすべて取りたいのですが。」と言われました。引継ぎができないので，有休を断ることはできますか？

A4

　有休を断ることはできません。有休取得日を変更させようとしても，退職日以降に勤務日がないためです。退職時に引継ぎを滞らせないためには，引継ぎ期間を考慮した調整を事前に職員と行ってください。また，未消化の有休を買い上げるなどの方法も検討することができます。

【解説】

(1)　退職時の有休の時季変更権は行使できない

　クリニックには年次有給休暇（以下「有休」という。）の時季変更権が認められていますので，事業の正常な運営を妨げる場合には，その取得日を変更させることができます。有休を取得し引継ぎをしないで退職することは，事業の正常な運営を妨げる場合に該当しますので，取得日を変更したいところですが，退職日以降には出勤日がありませんので，変更させる日がないということになります。

　特に，重要な仕事を任せていた職員の退職となると，引継ぎは完璧を期さないといけません。職員が退職となったときに慌てないためにも，あらかじめ，退職時のルールと引継ぎ方法・内容・時期などについて明確にし，職員に説明しておくことが必要です。

(2)　退職時に引継ぎが滞らない方法を検討する

①　退職日の調整を職員とする

　自己都合退職は，職員が退職願を提出し，クリニック（院長，人事担当な

ど）がその退職を承諾したことを職員に伝えた段階で，退職となります。

　したがって，職員から退職願が提出された段階で，その場で退職を承諾するのではなく，引継ぎ期間を確保するために職員と話し合って，退職日の調整と確定をすることがポイントとなります。退職願の承諾後，退職日について調整することは，職員からの抵抗をうけることになりますので，退職日を確定する前に調整を行うことが重要です。

　この退職日を調整・確定するまでの話し合いは，クリニックの事情もありますから，慎重に行ってください。

②　有休の買取り制度を活用する

　有休を買い取ることは，原則として許されません。しかし，法律を上回る日数の有休や，消滅した有休を買い取ることは問題ではありません。したがって，退職までに取得できなかった有休を買い取ることで，引継ぎをしっかり行ってもらう方法もあります。

　ちなみに，買い取る有休の金額は，在職中と同じ金額（通常勤務していた場合に支払われる 1 日分の賃金など）でなくてもよく，クリニックが任意に定めることができます。有休の買取り制度は，法律を上回る制度ですから，買い取る金額の制約はありません。したがって， 1 日あたり一律5,000円などとすることも可能です。ただし，在職中の金額より買取り金額が低い場合は，有休として取得した方が得という，職員の損得勘定が働いてしまいます。

　有休の買取り制度を行うべきかどうか，また買い取る金額はいくらにするのか，前もって専門家等に確認したうえで，職員と引継ぎについて話し合いを持つことが必要です。

◆◇有休の計画的付与で有休取得の促進をする◇◆

　有休には，労使協定を締結することにより，あらかじめ，有休を取得する日，日数，期間を計画的に定めることができる有休の計画的付与制度があります。（労働基準法第39条第 5 項）この有休の計画的付与を実施することで日ごろから

専門家との連携度	レベル 1	**レベル 2**	レベル 3	レベル 4

専門家に相談のうえ，職員の退職時に引継ぎが滞らないようにしてください。

有休の残日数を溜めずに有休の取得を促進することができます。

　有休の計画的付与の実施は，クリニック全体で一斉に行っても，グループごとでも，職員個人ごとでもかまいません。ただし，5日分の有休は職員本人が自由に取得できるように確保し，有休のすべてを計画付与することはできません。新人職員などまだ有休が発生していない職員にも同様に有休をとらせる場合には，クリニック都合による休業として，休業手当（平均賃金の6割）の支払いが必要となりますので，注意が必要です（労働基準法第26条）。

(3)　職員には引継ぎを考慮したうえで退職願を早めに提出してもらう

　「立つ鳥跡を濁さず」ということわざがあるように，退職時の辞め方で，人としての本質がわかるものです。引継ぎもしないで辞めていく人は，社会人としてのマナーが備わっていない人ともいえます。院長としては，このような職員を出さないよう，在職中から職員の教育をすることが大切です。

　例えば，就業規則では自己都合退職のルールとして「1か月前までに退職願を提出すること」と定めているとします。しかし，有休の残日数が多い職員の場合は，1か月前の提出であっても，十分な引継ぎ期間が確保できないことが往々にしてあります。退職願を提出する際には，有休を取得する期間と引継ぎ期間も見込んだうえで，1か月前より早く退職願を提出する配慮が必要であることを，職員に周知してください。また，引継ぎの際には，職員に業務引継書などを作成することを求め，何をもって引継ぎが完了となるのか明確にすることが重要です。

　院長は，職員から退職する旨とその時期について，あらかじめ相談を受けるぐらいの良好な人間関係を築き上げたいものです。

職員との対話実践編

突然退職願を出してきた職員とのやりとり

中村さん：院長，私，クリニックを辞めることにします。これ，退職願です。

近藤院長：ええ？　退職願？　どうして辞めるの？

中村さん：実は父親が高齢で，どうしても私に実家のスーパーを手伝って欲しいということになりまして……。

近藤院長：そうなんだ。それは，仕方ないね。それでいつ辞めたいの？

中村さん：退職願に書きましたが，1か月後です。就業規則では1か月前までに退職願を提出するルールですから，そのとおりにしました。それから……，有休があと20日残っていますので，有休申請書も出したいのですが。

近藤院長：20日の有休…！。ということは1か月後の退職で，全然引継ぎの時間がないよ。それは無理だよ。

中村さん：はっ，はい……。

近藤院長：中村さん，相談なんだけど，仕事の引継ぎには少なくとも1か月はかかる。それと後任を選任するのにも1か月はかかると思うんだ。だから退職日を2か月後くらいに変更してもらえないだろうか。後任探しは，早急に行うようにするから。

中村さん：でも，父親の体調もよくないものですから……。

近藤院長：それでは，お父さんの体調が思わしくないときやお店が忙しいときは，有休をとってもらって，あまった有休は買い取るということで，退職日を2か月後に変更するということでどうだろう。

中村さん：はい，そこまで配慮していただけるのなら，そうさせていただきます。ご迷惑をおかけいたしますが，よろしくお願いします。

近藤院長：正式には，業務の様子を見ながら，退職日を最終決定させてもらうね。その間この退職願は私が預からせてもらうよ。

5　突然出勤しなくなった職員への対応

Q 5

突然職員が出勤しなくなりました。しばらく連絡がつかないので，退職の手続きを進めたいのですが？

A 5

職員から退職の意思表示がないので，原則退職の手続きをすることはできません。ただし，就業規則に一定期間行方不明，無断欠勤となった場合に自動退職となる旨の規定があれば，退職の手続きをすることは可能です。

【解説】

(1)　就業規則の自動退職規定を確認する

　近年は，職員が突然出勤しなくなり，携帯電話にも出ず，音信不通となることが増えています。万が一そのような職員が発生したときに，問題なく対応する方法を確認します。

　設問の場合には，本人から退職する旨の意思表示がなければ，原則，退職の手続きを行うことはできません。しかし，就業規則の退職に関する理由の項目で，「一定期間行方不明，無断欠勤となった場合に自動退職となる旨」の規定があれば，退職の手続きを行うことが可能となります。その理由は，就業規則をあらかじめ職員に周知することで，職員からは包括的に同意を得られているということになるからです。

　したがって，院長は，まずクリニックの就業規則の規定を確認し，退職の手続きを進めるようにしてください。

ワンポイント解説 ◆◇公示送達の手続き◇◆

就業規則に自動退職規定がない場合には，退職の手続きを行うことができないため，解雇を行うことになります。しかし，解雇は，解雇となる旨を本人に伝達しなければ効力は発生しませんので，職員と連絡が取れない場合には，いつまでも解雇の申し渡しができないことになります。

そこで公的に解雇の効力を発生させる方法として，簡易裁判所へ「公示送達」をするという方法があります。

「公示送達」は，行方不明で本人と連絡が取れない場合に用いられ，裁判所の掲示場に解雇の旨を掲示することによって，掲示した日から２週間後に効力が発生し，解雇の手続きが可能になるというものです。しかし，この「公示送達」の方法は，非常に複雑で手間がかかりますので，実際にこの手段をとることは少ないようです。

このようなことから，多くのクリニックでは，行方不明時や無断欠勤により本人と連絡が取れない場合には，就業規則上で一定期間後に自動退職となる旨の規定がなされているわけです。

(2) 出勤しなくなった職員の所在の確認をする

院長は，無断欠勤が２～３日続くようであれば，必ずその職員の自宅を訪れ，（他の職員に行かせてもよい）所在の確認をするようにします。自宅にいる気配があるのかないのかによっても，その後の対応が変わります。寮や借上げ社宅の場合で，荷物をまとめて出て行ったのであれば，黙示の退職の意思表示ともとれますので，その場合には，退職の手続きを進めることになります。

出勤しなくなった原因は，「事故に遭遇した」「何らかの事件に巻き込まれている」「多重債務により身を隠している」「家庭の問題」「心の病の発症」などさまざまなものが考えられます。仮にその原因が職場の人間関係や仕事上によるものであれば，クリニックの責任が問われますので，出勤しなくなった職員をそのまま放置することは，決してしないでください。また，場合によっては身元保証人に連絡を取り，捜索の協力を得ることも必要です。

クリニック側は，職員の行方不明や無断欠勤期間中に連絡を取るための努力をしたという形跡を必ず残し，後にクリニックの対応が問題とならないように

専門家との連携度	レベル1	レベル2	レベル3	レベル4

無断欠勤の原因を想定し，クリニックの対応が問題にならないよう，専門家に相談してください。

しなければなりません。院長は，専門家等としっかり連携を取り，法的なトラブルを起こさないよう対応を進めてください。

ワンポイント解説

◆◇退職することをメールで伝えてきた場合◇◆

　退職の申し出を，職員がメールで伝えてきた場合を考えてみます。

　退職の申し出について，多くのクリニックでは，「言った」「言わない」のトラブルを避けるために，口頭での退職の申し出を避け，文書（退職願）を提出させる方法をとっています。

　メールは文書の類でもありますが，第三者が本人になりすまして作成，送信することも想定されます。本人からのメールであったとしても，最近は，自分の気持ちを簡単に伝えるツールとして，ツイッター等のSNSが多く利用されます。その瞬間，瞬間の気持ちを頻繁に伝えることも多いことから，その内容が一過性のものである場合が少なくありません。

　通常，職員がメールで退職の旨を伝える相手は，同僚や先輩の職員が多いと考えられます。しかし，院長など人事権を持った者でない限り，退職の承諾はできませんので，同僚職員や先輩職員宛のメールは，退職の申し出先としては適当ではありません。

　退職の申し出は，口頭でも効力は認められますが，退職という重要な事項について，本人が相違ないものとして署名・捺印した文書（退職願）を提出させることが必要です。

職員との対話実践編

メールで退職を伝えてきた職員とのやりとり

先輩職員：もしもし，渡辺さんですか？　今日は休む旨，連絡を受けましたが，昨日の渡辺さんからのメールを見て電話しました。

渡辺さん：はい…。すみません，先輩。私が妊娠していることはご存知でしょうけど，つわりもひどいし，出産後も育児をしながら働き続けるなんて，到底無理だと思いまして……。メールで書いたように，退職します。前から思っていたことなんです……。

先輩職員：渡辺さん，今，つわりがひどい状態なんだね。それはつらいね。

渡辺さん：仕事は好きなので，続けたいと思いますが，育児と仕事の両立なんて，今の私にはこなす自信がありません。

先輩職員：そうですか。仕事が好きだから迷う部分もあるんだね。知り合いのクリニックに，育休から復帰した先輩がいて，明るく元気に働いているから，一度その先輩の話を聞いてみる？　参考になると思うよ。

渡辺さん：聞いてみたい気持ちもありますが，とにかく，辞めてゆっくりすることが，今の私には必要だと思います。

先輩職員：そうですか。話を聞いていると，渡辺さんの気持ちは，まだ揺らいでない？　退職は，渡辺さんにとって重大なことだから，慎重に考えて欲しいな。もう少し時間をあげるから，自分が退職すると決意した段階で，その決意表明の証として院長宛の退職願を提出してよ。渡辺さんも，昨日の私宛のメールで退職したら後悔すると思うよ。

《数日後》

渡辺さん：先輩，あれから，よく考えてみました。先輩の「退職の決意表明は退職願を書くこと」という言葉が残っていて，結局，決意できず退職願を書けませんでした。メールだと簡単に言えるから怖いですね。退職することは辞めます。仕事も好きだし，仕事と育児，両方頑張ります！　ぜひ，この間の電話の，両立している先輩の話を聞かせてください！

6　退職金の算定基準を聞いてきた職員への対応

Q 6

職員から「在職中に実績を上げても上げなくても退職金は同じなんですか？」と聞かれました。退職金は勤続年数で決まるものではないのですか？

A 6

退職金がいくらになるかについては，勤続年数も少なからず影響しますが，実際の退職金額の算定に当たっては，クリニックによって在職中の貢献度や資格等級または役職などを反映させる場合もあります。

【解説】

(1)　中小企業で最も一般的な退職金は，退職時基本給と勤続年数で決まる

厚生労働省が平成20年に実施した調査の結果によると，日本企業の約84％が何らかのかたちで退職金制度を有しています（就労条件総合調査）。従業員数が100人未満の企業でも8割ほどの企業が退職金制度を持っています。

図表14-4 ▶ 退職一時金の算定方法の種類（複数回答）

企業規模	退職時の基本給を算定基礎として計算する企業の割合	基本給とは別に定める金額によって算定する企業の割合	うちポイント制
計	56.6%	44.2%	18.0%
1,000人以上	28.0%	74.3%	55.2%
300〜999人	46.4%	56.3%	33.5%
100〜299人	52.7%	48.2%	22.4%
30〜 99人	60.5%	39.8%	12.9%

資料出所：厚生労働省平成20年就労条件総合調査（一部加工）

注．退職一時金制度がある企業のうち，支払準備形態に社内準備を採用している企業を100とする割合

　また，**図表14-4**のとおり，従業員数が100人未満の中小企業では，60％の企業で退職時の基本給をもとに退職金を計算しています。この場合，

　　退職金＝退職時の基本給×勤続年数別係数×退職事由係数

という算式により，退職時点までの勤続年数の長さと退職事由（退職する理由）が加味されるのが一般的です。つまり，勤続年数が長くなるほど係数は大きくなるため勤続の長い従業員に報いる一方で，自己都合で退職する場合よりも定年や会社都合で退職する場合を優遇するしくみです。中小企業では，最もオーソドックスな計算方法です。

　しかしながら，同じ図表14-4の1,000人以上の企業を見ると，この方法ではなく，ポイント制を採用している企業が55.2％と，半数を超えて最も多くなっているのがわかります。ポイント制退職金制度は，退職時の基本給をもとに計算する方法とは根本的に異なるしくみです。

 1 POINT 　**ワンポイント解説**　◆◇ポイント制退職金制度◇◆

　ポイント制退職金制度とは，勤続年数，資格等級，役職などをもとにポイントを定め，そのポイントにポイント単価を掛けて退職金を計算するしくみです。
　ポイント制退職金制度には，次の2つがあります。

(1)　退職時算定方式

　退職時の職員の勤続年数，資格等級，役職などに応じてポイントを決定し，これにポイント単価を掛けて退職金を計算する方式

(2)　累積算定方式

　1年ごとに，職員の勤続年数，資格等級，役職，成果（人事評価）などの基準に基づくポイントを付与し，退職時にはそれまでに毎年付与され累積したポイントの合計点数に基づきポイント単価（例．1万円）を掛けて退職金を計算する方式
　このうち，(2)の累積算定方式が一般的です。以下は，(2)による場合のポイントテーブルの例です。

専門家との連携度	レベル1	**レベル2**	レベル3	レベル4

退職金制度の必要性及び内容については，専門家等によく相談してください。

【例】ポイントテーブル（資格等級）

資格等級	資格等級ポイント
6等級	30
5等級	20
4等級	10
3等級	6
2等級	4
1等級	2

【例】ポイントテーブル（勤続年数）

勤続年数	資格等級ポイント
30年以上	20
20～30年	15
15～20年	10
10～15年	8
5～10年	3
1～5年	1

　ポイントテーブルは，上記の資格等級や勤続年数によるものの他に，年齢，役職，人事評価結果などを用いる企業もあります。人事評価結果によって毎年ポイントが付与されれば，退職金額と在職中の貢献度との比例関係は特に強くなります。しかしながら，人事評価結果によるポイントテーブルを用いる企業は多くありません。

　ポイント制退職金制度には，次の特徴があります。

①毎年ポイントを累積していくため，在職中の貢献度が退職金に反映されやすいこと

②退職金の計算に給与（退職時の基本給など）を用いず，給与とは完全に切り離していることで，毎年の昇給が退職金には全く影響しないこと

③しくみがシンプルであるため従業員にもわかりやすいこと（各自が自分なりにシミュレーションでき，イメージしやすいこと）

(2)　退職金制度を院長がよく理解しておく

　上記のポイント制退職金制度は，中小企業でも採用する企業が増えています。すでにクリニックでも採用されている可能性もあります。院長は，職員から聞

かれたときのためにも，自院の退職金制度をどのようなしくみにするのかよく考えておく必要があります。

　そのうえで，「貢献した職員が報われるしくみであること」を，職員に対して，失望を与えないように説明することが大切です。

　退職時の基本給をもとに退職金の計算を行っているクリニックでも，在職中の実績や貢献が全く反映されていないとは言いきれません。基本給が完全に年功で決まるクリニックであれば別ですが，通常は，役職や能力によって多少なりとも基本給は異なります。したがって，退職時の基本給には，間接的・直接的に在職中の貢献を反映しているという見方もできます。

　また，在職中に特に目立った貢献があった従業員には，通常の退職金とは別に，特別功労加算として経営判断に基づく退職金の加算を行う企業があります。クリニックにおいても，特別功労加算の制度を規定した場合は，若い職員に対して，こうしたチャンスがあることも含みとして伝えておきます。

　ただし，特別功労加算の制度がある（退職金規程に規定がある）場合でも，実際に特別功労加算が支払われるケースは非常に稀ですので，若い職員に過剰な期待を抱かせないように留意する必要があります。

(3)　退職金制度の必要性を確認する

　退職金について，制度として明記されている場合や支給慣行が成立している場合には，その規定に従い支給義務が発生しますが，制度自体が無い場合には，支給義務は発生しません。（労働基準法第89条，昭和22.9.13基発17号）

　院長は，そもそも退職金制度が必要かどうか，クリニックの将来を見据えて，よく検討する必要があります。

ワンポイント解説　◆◇確定拠出年金の導入◇◆

　退職金の性格としては，①職員の功績に対する報奨とする「功労報奨説」，②退職後の生活の安定を図るために支給されるものとする「生活保障説」，③在職中に支払われるべき賃金が蓄積されて退職時にまとめて支給されるものとする「賃金後払い説」などの考え方があります。近年，このような退職金に代わるものとして，確定拠出年金を導入する事例も出てきています。

　確定拠出年金には，大きく分けて「企業型」と「個人型（iDeCo）」の2種類があります。平成31（2019）年3月時点で，病院において導入する場合の主なパターンは次の通りに分類できます。

⑴　「企業型」の掛金を病院側が拠出するパターン（マッチング拠出）

　原則として，採用された職員は確定拠出年金制度に自動的に加入します。掛金については，原則として病院が負担しますが，規定により，各職員も上乗せして拠出することができます。ただし，一定の上限があります。負担した掛金については，税制上の優遇措置があります。

　企業型確定拠出年金制度が始まった当時は，掛金を負担できるのは企業だけでしたので，基本的なパターンといえます。

⑵　「企業型」の掛金を職員側が拠出するパターン（選択制確定拠出年金）

　確定拠出年金制度を利用するかどうかを，職員が選択する制度です。掛金については，給与の一部を振り替えるため，病院側から見れば負担は少なく，職員が自分で自分の退職金を積み立てるイメージになります。振り替えた部分の金額については，制度的に「今すぐには使えない」ことになるため，税金や社会保険に関しては，負担も給付もあわせて全体的に減少します。

⑶　「個人型（iDeCo）」に加入する職員の掛金を補助するパターン（iDeCo＋）

　企業年金を実施していない中小企業（職員数100人以下）において，iDeCoに加入している職員の加入者掛金に対して，事業主が一律に掛金を上乗せ（追加）して拠出することができる制度です。ただし，一定の上限があります。負担した掛金については，税制上の優遇措置があります。

　なお，いずれにおいても社会保険の適用事業所であることが前提となります。

職員との対話実践編

退職金のことを聞いてきた職員とのやりとり

田中さん：うちのクリニックの退職金は，在職中に実績を上げても上げなくても変わらないという噂を聞いたのですが，本当ですか？

矢野院長：う～ん，その前に田中さんは，在職中に実績を上げた人が退職金を多くもらうべきだと思っているの？

田中さん：はい，もちろんです。退職金はすぐにもらえるわけではないですが，であればなおさら，在職中に頑張った人が報われるべきと思います。

矢野院長：退職金は，在職中に頑張った人，つまり，クリニックの成長や継続に貢献した人に，功労報奨として，より多く支払われるのが理想ということだね。田中さんが言うように，経営的にもそれがベストかもしれないね。

田中さん：では，そういうしくみになっているということですね？

矢野院長：うちは中小企業によくある計算方法（退職時の基本給に勤続年数別の係数を掛けて計算する方法）だよ。

田中さん：……。結局，勤続年数ですか？長くいれば退職金がたくさんもらえるというのはちょっと違う気がするのですが……？

矢野院長：功労報奨という意味は，長く勤めてもらったことに対するご苦労さん代という意味と，その間にクリニックに対して貢献してもらったことに対する褒賞という意味の2つが含まれるんだ。勤続年数は長ければ必ずしも貢献が大きいとはいえないけど，効率や密度の差こそあれ，うちでなにがしかの役割をこなしてもらったことは間違いないよ。それに，退職時の基本給はクリニックへの貢献が大きかった人ほど高くなると思うけど，どうかな？　規定では，特に目立ったクリニック貢献があった人には特別功労加算というのもあるよ。

田中さん：なるほど，よくわかりました。まだまだ先は長いので，もっと私自身が認められるように，頑張ります！

【著者紹介】

吉田　卓生 (よしだ　たくみ)

社会保険労務士法人ブレインパートナー　代表社員
社会保険労務士
医療労務コンサルタント

　1977年，名古屋市生まれ　名古屋大学経済学部卒
　名古屋市交通局に勤務中，社会保険労務士資格を取得。2007年現税理士法人ブレインパートナーへ入社。2009年，吉田卓生社会保険労務士事務所を開設。2014年，社会保険労務士法人ブレインパートナーを設立し，現在に至る。
　医療機関に特化し，労務と税務の両面から総合的なコンサルティングを行うと同時に，開業時の支援から労務トラブルの解決，助成金の申請まで，日々クライアントに対して親切丁寧なサポートを実行している。

【執筆協力者】

矢野智子

加藤隆志

川端清美

猿山清人

牧田明日香

橋本留美子

鷲﨑文恵

森　裕貴

【編者紹介】

税理士法人ブレインパートナー

　医業経営をサポートするプロ集団（公認会計士，税理士，社会保険労務士在籍）として，設立以降400件を超える医療機関を支援。

　単に記帳代行業務などを請け負うだけではなく，毎月の経営診断に基づいた付加価値の高いコンサルティングに加え，医療法人化や事業承継，相続対策の提案，さらには賃金設計，採用から退職までの労務課題の支援・解決といった，医業経営のトータルサービスを提供している。

　また，様々なニーズに応じたセミナーや相談会も定期的に開催している。

【主な業務内容】
　　　　　　　　病医院の開業支援業務
　　　　　　　　病医院の経営・会計・税務・人事労務管理支援
　　　　　　　　資産の権利調整・有効活用支援
　　　　　　　　相続・事業継承対策支援
【所 在 地】　〒450-6419　名古屋市中村区名駅三丁目28番12号
　　　　　　　　大名古屋ビルヂング19階
　　　　　　　TEL：052-446-7830　FAX：052-446-7831
　　　　　　　URL　http://www.brain-partner.com/
【代 表 者】　代表社員　矢野厚登（公認会計士・税理士）
【経営理念】　自利利他，租税正義の実現，地域社会への貢献
【行動指針】　・他人を思いやることが真の豊かさである。
　　　　　　　・税法の正しい解釈，運用こそプロフェッショナルの使命である。
　　　　　　　・プロフェッショナルである以前に常識人であれ。
　　　　　　　・常に，顧客，地域社会，従業員，家族，自分自身に誠実であれ。
【沿革など】　平成 9 年株式会社ブレインパートナー／矢野会計事務所設立
　　　　　　　平成20年税理士法人ブレインパートナーに組織変更

【監修者紹介】

社会保険労務士法人デライトコンサルティング

経営者に一番近いパートナーとして，複雑化・高度化する採用から退職までの人事労務課題を，粘り強く支援・解決。社会保険労務士法人デライトコンサルティングの考える人事労務管理は，「経営者が社員と信頼関係を築きながら，社員が気持ちよく働くことができる環境を整え，チームワークをもって経営目標を達成すること」を支援することとし，この考え方が若手経営者を中心に，多くの企業から支持を得ている。

【所 在 地】	〒461-0001　名古屋市東区泉2-26-4　ホウコクビル502
	TEL：052-937-5615　FAX：052-937-5620
	E-mail:info@delight-c.com　URL:http://www.delight-c.com
【代 表 者】	代表取締役 近藤圭伸（中小企業診断士，社会保険労務士）
【経営理念】	個人と組織の成長をはかり社会に貢献する
【行動指針】	誠実・愚直・感動
【設立など】	平成11年4月30日設立

Q & A　院長先生の労務管理（第2版）
クリニックの労働トラブル予防と働き方改革

2012年8月10日	第1版第1刷発行	
2017年10月25日	第1版第4刷発行	
2019年7月20日	第2版第1刷発行	

監修者	社会保険労務士法人デライトコンサルティング
編　者	税理士法人ブレインパートナー
著　者	吉　田　卓　生
発行者	山　本　　　継
発行所	㈱中央経済社
発売元	㈱中央経済グループパブリッシング

〒101-0051　東京都千代田区神田神保町1-31-2
電　話　03（3293）3371（編集代表）
03（3293）3381（営業代表）
http://www.chuokeizai.co.jp/
印　刷／東光整版印刷㈱
製　本／誠　製　本　㈱

© 2019
Printed in Japan

社会保険労務六法

全国社会保険労務士会連合会 ［編］

社会保険制度や労働・福祉制度の大変革が進むなかで、これら業務に関連する重要な法律・政令・規則・告示を使いやすい2分冊で編集。社会保険労務士をはじめ企業の社会保険担当者、官庁、社会福祉、労働・労務管理・労使関係などに携わる方、社会保険労務士受験者の必携書

毎年 好評 発売

■主な内容■

第1分冊

社会保険編 ■ 健康保険関係＝健康保険法／同施行令／同施行規則他 厚生年金保険関係＝厚生年金保険法／同施行令／同施行規則他 船員保険関係＝船員保険法／同施行令／同施行規則他 国民健康保険関係＝国民健康保険法／同施行令／同施行規則他 国民年金関係＝国民年金法／同施行令／同施行規則他 児童手当及び高齢者福祉関係＝子ども手当関係法令／高齢者の医療の確保に関する法律／介護保険法他

第2分冊

社会保険編 ■ 社会保険関係参考法規＝社会保険審査官及び社会保険審査会法／確定拠出年金法／確定給付企業年金法／日本年金機構法他 **労働編** ■ 労政関係＝労働組合法／労働関係調整法他 労働基準関係＝労働基準法／同施行規則／労働契約法／労働時間設定改善法／労働安全衛生法／雇用均等機法他 職業安定関係＝労働施策総合推進法／職業安定法／労働者派遣法／高年齢者等雇用安定法／障害者雇用促進法他 労働保険関係＝労働者災害補償保険法／雇用保険法／労働保険の保険料の徴収等に関する法律他 個別労働紛争解決関係＝民法（抄）／民事訴訟法（抄）／個別労働関係紛争解決促進法／裁判外紛争解決手続の利用の促進に関する法律／労働審判法／他 労働関係参考法規＝社会保険労務士法／労働保険審査官及び労働保険審査会法／行政不服審査法／他

中央経済社